Edwige Foissac

Taschen und Täschchen selbst genäht

23 Modelle mit Schnittmusterbogen in Originalgröße

stiebner

Die französische Originalausgabe dieses Buches erschien 2014 unter dem Titel „Les sacs et pochettes à coudre de Mavada" bei CreaPassions.com.

Aus dem Französischen von der MCS Schabert GmbH, München, www.mcs-schabert.de, unter Mitarbeit von Katrin Marburger (Übersetzung).

Bibliografische Information der Deutschen Nationalbibliothek
Die Deutsche Nationalbibliothek verzeichnet diese Publikation in der Deutschen Nationalbibliografie; detaillierte bibliografische Daten sind im Internet über http://dnb.d-nb.de abrufbar.

Printed in Germany

www.stiebner.com

ISBN-13: 978-3-8307-0948-0

Einführung

Vor einiger Zeit stieß ich auf eine Schachtel, die in einem Winkel der Garage verstaut war. Ich nenne solche kleinen Schachteln „Erinnerungsfundus".

Darin befanden sich Kinderfotos von mir, eine kleine Auswahl von Bildern meiner ersten zehn Lebensjahre. Begeistert habe ich mich gleich darangesetzt, die Schnappschüsse zu sortieren …

Auf vielen Bildern halte ich eine Plastiktüte oder ein kleines Weidenkörbchen in der Hand.

Schon von klein auf hatte ich das Bedürfnis, meine Schätze mit mir herumzutragen – glänzende kleine Kieselsteine, Muscheln aus dem Urlaub am Meer, meine kleinen Zeichenhefte –, und ich erinnere mich daran, dass meine süße Mama mir erzählt hat, wie sehr ich an diesen Sammelbehältnissen hing – ich schleppte immer eins mit, das war das Allerwichtigste. Immer wenn wir irgendwo hingingen, musste eine Tasche oder ein Korb dabei sein.

Später, während meiner Studienzeit, habe ich zum Leidwesen meiner Eltern den Großteil meines Taschengeldes für Ledertaschen ausgegeben.

Ich war fasziniert von diesen kleinen Lederwaren; mir gefiel, dass jedes Stück einzigartig, ästhetisch und stilvoll war. Ich besaß eine hübsche Sammlung und liebte meine Taschen sehr.

Eine Tasche ist nicht nur ein Mittel, um Besitz zu transportieren und sich zu beruhigen, ein bisschen so, wie ein Kind sich mit einem vertrauten Kuscheltier beruhigt. Sie ist vor allem das gewisse Etwas, das ein Outfit vervollkommnet, das kleine Extra, das den Unterschied macht. Mit einer schönen Tasche fühlt man sich auch schön.

Mir ist klar, dass meine Liebe zu Taschen auf meine Kindheit zurückgeht und als ich aufs Nähen verfallen bin, fühlte ich mich auf Anhieb von Taschen und Accessoires angezogen.

Es ist toll, sich eine individuelle Tasche zu nähen, ein schönes, auf die Garderobe abgestimmtes Accessoire.

In diesem Buch gebe ich Ihnen die Nähleitungen für 23 Taschen und Accessoires, damit auch Sie sich die Tasche Ihrer Träume nähen können – ein Einzelstück, das sonst niemand hat, das aber jeder haben möchte und in dem Sie Ihre schönsten Schätze transportieren können.

Inhalt

Bevor Sie beginnen

Vorbereitung

Wählen Sie Ihr Modell aus und lesen Sie die Anleitung **komplett** durch, damit Ihnen keine zum Nähen wichtigen Angaben entgehen. Sonst kann es Ihnen passieren, dass Sie eine Tasche auftrennen müssen, weil Sie eine Kleinigkeit nicht beachtet haben.

Ich verrate Ihnen kleine Tipps und Kniffe, um Ihnen die Arbeit zu erleichtern, und alle nötigen Informationen finden Sie in der schrittweisen Anleitung.

Beachten Sie die Reihenfolge der einzelnen Schritte.

Ich rate Ihnen, die verwendeten Materialien sorgfältig auszuwählen und die Farben gut aufeinander abzustimmen, ganz gleich für welches Modell. Je nach Farben und Material kann das Ergebnis tatsächlich vollkommen unterschiedlich ausfallen.

Schnittmuster

Alle Schnittteile mithilfe von Transparent- oder Seidenpapier kopieren.

Die Teile entlang der Linien ausschneiden und von links auf Ihren Stoff stecken. Dabei die Richtung der Motive und den Fadenlauf beachten (vor allem bei bedruckten Stoffen und Cord).

Mit Textilstift oder Schneiderkreide die Umrisse des Schnittmusters aufzeichnen und entlang der Linien zuschneiden. Sie können das Schnittmuster auch direkt auf den Stoff stecken und rings um das Schnittteil zuschneiden.

Nahtzugaben

Bei allen Modellen in diesem Buch sind die Nahtzugaben enthalten. Die Nahtzugabe ist das Stück zwischen der Naht und dem Stoffrand. Auf Ihrem Nähfüßchen befinden sich Markierungen zum problemlosen Nähen, doch wenn Sie sich bezüglich der Nahtzugaben für die Modelle in diesem Buch unsicher sind, platzieren Sie die Kante des Füßchens genau an der Stoffkante und nähen Sie dann.

Dadurch werden die Modelle nicht verändert!

Bügeln

Während des Nähens lege ich besonderen Wert auf das Bügeln, sofern das Material es erlaubt. So vermeidet man zerknitterte Stoffe und Ungenauigkeiten. Das Zusammennähen wird erleichtert und das Ergebnis exakter.

Man muss wissen, dass beschichteter Stoff und Wachstuch von links oder aber von rechts mit einem Bügeltuch (ein Stück angefeuchteter Stoff) oder mit Backpapier zwischen Bügeleisen und Stoff gebügelt wird.

Kunstleder wird von links gebügelt.

Markierungen

Um Markierungen auf der rechten Seite Ihres Stoffes anzubringen, können Sie einen auswaschbaren Filzstift verwenden, aber auch einen radierbaren Tintenroller, wie ihn unsere Schulkinder benutzen. Dieser wird **durch Bügeln gelöscht**. Testen Sie dies jedoch zuvor an einem Stoffrest, denn auf manchen Stoffen **hinterlässt der Stift eine leichte weiße Spur!**

Vlieseline

Durch Bügeleinlage wird ein Stoff dicker und damit verstärkt. Verstärkungen mit Vlieseline fransen nicht aus. Die Vlieseline besitzt eine matte Seite und eine glänzende, die mit Kleber beschichtet ist. Es gibt Vlieseline in unterschiedlicher Stärke, die je nach gewünschtem Ergebnis und verwendetem Stoff ausgewählt werden muss. Für meine Taschen verwende ich häufig die Qualität H250.

Anwendung: Vlieseline passend zuschneiden und die glänzende Seite auf die linke Seite des zu verstärkenden Stoffteils legen. Jede Stelle etwa zwölf Sekunden bügeln (Baumwolltemperatur), dabei das Bügeleisen versetzen, nicht schieben. Mit Vlieseline verstärkter Stoff ist bei 30 °C im Schonwaschgang waschbar.

Mein kleiner Tipp:

Wenn ich die Rückseite eines Stoffes mit Bügeleinlage verstärken muss, schneide ich das entsprechende Teil nicht einzeln aus Vlieseline und Baumwollstoff aus, sondern nur aus Vlieseline. Dann bügele ich das Vlies auf und schneide das Teil ringsherum aus dem Stoff zu.

Im Sortiment von Vlieseline gibt es auch Volumenvlies, das wie dünneres Vlies aufgebügelt wird. Es ist sehr praktisch, da es beim Nähen nicht verrutscht. (Bild 1)

Kunstleder und Leder

Entgegen der gängigen Vorstellung ist das Nähen von Leder oder Kunstleder nicht komplizierter als das Nähen von Baumwollstoff. Man muss jedoch unbedingt eine spezielle Ledernadel (oder Jeansnadel) verwenden, die stabiler ist.

Damit das Leder beim Nähen gut gleitet und nicht am Nähfuß klebt, verwenden Sie einen Teflonfuß, Rollenfuß oder Obertransportfuß.

Damit Ihr Leder schön glatt liegt, vergrößern Sie die Stichlänge.

Vermeiden Sie es, Leder oder Kunstleder abzustecken, da dies bleibende Löcher hinterlässt. Verwenden Sie lieber ablösbares und wiederverwendbares Klebeband, das Sie beim Nähen nach und nach ablösen, oder Plastikklammern.

Für bestimmte Lederapplikationen verwenden Sie einen speziellen Lederkleber – so können Sie nähen, ohne dass die Teile verrutschen. (Bild 2)

1

2

Steckverschlüsse oder andere Taschenverschlüsse

Zum Befestigen meiner Taschenverschlüsse befülle ich meine Taschen **immer vorher**, um zu vermeiden, dass der Verschluss bei Gebrauch zu stramm oder zu locker sitzt.

Nähgarn

Verwenden Sie am besten ein Nähgarn im Farbton Ihres Stoffes. Wünschen Sie dagegen einen Kontrast, wählen Sie eine andere Farbe. Wenn Ober- und Unterseite Ihrer Arbeit unterschiedliche Farben haben, denken Sie daran, den Unterfaden zu wechseln; so können Sie zwei Farbtöne gleichzeitig nähen.
Ich rate Ihnen jedoch, für Ober- und Unterfaden dieselbe Qualität bzw. dieselbe Marke des Nähgarns zu verwenden.

3

4

Zubehör

Zum Zuschneiden Ihres Stoffes legen Sie sich eine gute Schneiderschere zu. Verwenden Sie diese niemals für Papier, sonst wird sie stumpf!
Für alle geraden Teile können Sie auch einen Rollschneider mit einem Patchworklineal und einer Schneidematte verwenden.
Falls Sie kein genügend großes Lineal besitzen, können Sie zum Ziehen gerader Linien auch ein großes Buch verwenden.
Für Verschlüsse und Schnallen zum Verstellen der Riemenlänge verwenden Sie ruhig welche von Ihren alten Taschen – beim Suchen findet man manchmal wahre Schätze!

Verwenden Sie besser Kunststoff- als Metallreißverschlüsse. So vermeiden Sie, dass beim Darübernähen Ihre Nadel bricht.

Lassen Sie Ihre Fantasie spielen, indem Sie originelle Knöpfe in außergewöhnlichen Formen und bunte Kunststoffdruckknöpfe (Snaps) verwenden. (Bild 3)
Kunststoffdruckknöpfe werden nicht mit einer Standard-Druckknopfzange (für Metalldruckknöpfe) angebracht, sondern mit einer **speziellen Snap-Zange** (z. B. KAM-Snaps-Druckknopfzange). (Bild 4)

Stoff

Bevorzugen Sie als Oberstoff für Ihre Taschen robuste, dicke Stoffe wie Kunstleder, Velours, Wildlederimitat, Gabardine, Jeansstoff, Leder, Alcantara oder beschichteten Stoff/Wachstuch.
Für das Futter, die Schulterriemen und Details auf der Außenseite verwenden Sie uni oder gemusterten Baumwollstoff von Liberty.

Einige Grundbegriffe des Nähens

Annähen von Schrägband

Schrägband ist ein diagonal zum Fadenlauf zugeschnittener Stoffstreifen. Es verleiht Accessoires und Kleidungsstücken einen fantasievollen Touch und wird für perfekte Kantenabschlüsse verwendet.

Annähen von Schrägband:

- Das Schrägband rechts auf links kantenbündig auf den Stoff stecken und im näher an der Kante gelegenen Falz annähen.
- Schrägband auf die rechte Stoffseite umschlagen und so feststecken, dass es die Befestigungsnaht verdeckt.
- Den Umschlag des Schrägbands 2 mm vom inneren Umbruch entfernt aufsteppen, am besten mit Nähgarn im gleichen Farbton wie das Band.

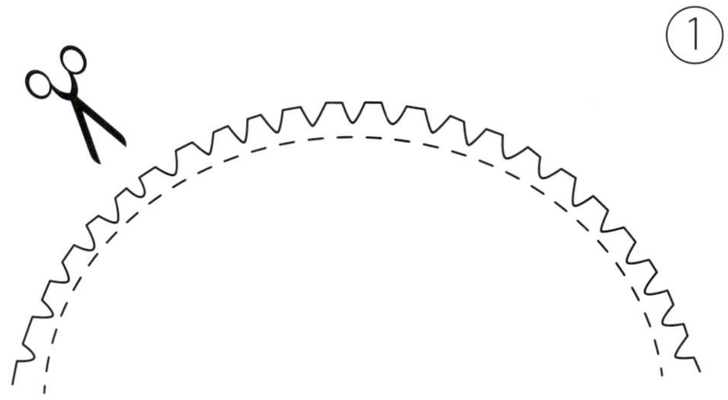

Gerundete Ecken

Um beim Wenden Ihrer Arbeit auf rechts eine schöne Rundung zu erhalten, die Nahtzugabe entlang der gesamten Rundung einkerben, entweder mit einer Zickzackschere oder durch Einschneiden kleiner Schlitze. Diese kleinen Schnitte in regelmäßigen Abständen anbringen und 1 mm von der Naht beenden. (Bild 1 gerundete Ecken)

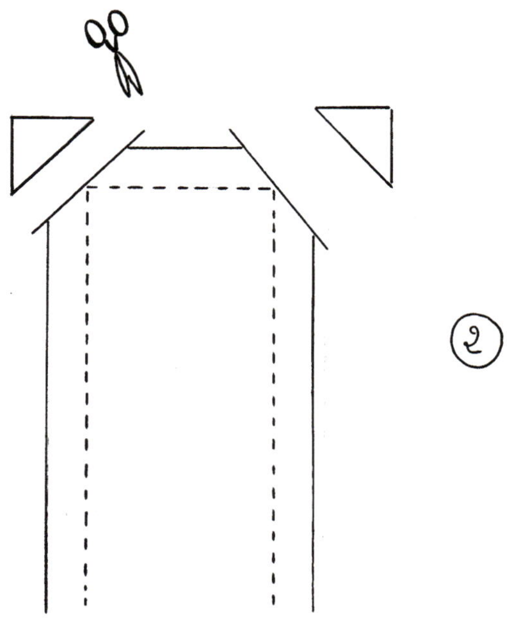

Gerade Ecken

Für eine spitze Ecke mit glatt liegenden Kanten die Ecke der Nahtzugabe vor dem Wenden diagonal abschneiden. (Bild 2 abgeschnittene Ecken)

Geradstich

Dies ist der Grundstich Ihrer Nähmaschine. Zum Absteppen können Sie die Stichlänge ruhig vergrößern, für eine haltbare Naht sollte sie verringert werden, vor allem bei Materialien wie Baumwolle. Zum Sichern Ihrer Naht vergessen Sie nicht, an Anfang und Ende der Naht einige Rückstiche zu nähen..

Saumstich

Mit diesem Stich lassen sich Öffnungen unauffällig schließen. Ich verwende ihn zum Zunähen aller verbliebenen Öffnungen des Futterstoffs. Den Stoff vor dem Zunähen 1 cm nach innen umschlagen. (Bild 1)

1

1

Paspel

Die Paspel ist ein um eine Kordel genähtes Schrägband. Sie wird zwischen zwei Stofflagen angebracht und verleiht Kanten Struktur und eine fantasievolle Note. Die Paspel wird zunächst an einer Stofflage befestigt, dann wird die zweite angenäht.
Zum Annähen empfehle ich einen Paspelfuß, doch wenn Sie keinen besitzen, tut es ein spezieller Reißverschlussfuß ebenso gut.

Annähen einer Paspel:

1. Die Paspel kantenbündig von rechts auf den ersten Stoff legen, sodass die Kordel nach innen zeigt. Feststecken und mit farblich passendem Nähgarn knapp neben dem kleinen Wulst annähen. Zur Verdeutlichung habe ich für das Foto kontrastfarbiges Garn verwendet. (Bild 1)

2. Wenn Sie die Paspel nach diesem Annähen von der anderen Seite betrachten, sehen Sie die erste Naht. (Bild 2)

3. Den zweiten Stoff rechts auf rechts und kantenbündig auf den Stoff mit der Paspel legen. Mit Klammern befestigen. (Bild 3)

4. Für ein sauberes Ergebnis exakt auf der ersten Naht feststeppen. (Bild 4)

5. Beide Stoffteile wenden, sodass sie links auf links liegen. Nach Wunsch können Sie den Stoff entlang der Paspel zusammensteppen, damit er flach liegt. (Bild 5)

2

3

4

5

Info:

Bei der Tasche Romy (Seite 122/123) erkläre ich, wie man zwei Paspelenden unsichtbar zusammenfügt.

Einzigartige Täschchen und besondere Portemonnaies

Originelle Täschchen zum Transport des Nötigsten, ohne sich mit überflüssigem Kram zu beladen.
Praktisch, leicht und fantasievoll – das Schwierigste ist, sich für eines zu entscheiden.
Zu einigen Modellen gibt es ein passendes kleines Portemonnaie. Alles für einen individuellen und außergewöhnlichen Look!

Handtäschchen Nomade

Handtäschchen Nomade

Handtäschchen im Bohème-Stil in Form eines Wohnwagens. Damit muss man einfach durch die Welt ziehen.

Grösse: 19 x 23 cm

Schwierigkeitsgrad: *

Material:
– 30 cm Jeansstoff als Oberstoff, für die vordere Außentasche und die seitlichen Schlaufen zur Befestigung des Schulterriemens
– 50 cm Baumwolldruck für das Futter der Haupttasche, der kleinen vorderen Tasche und den Schulterriemen
– Reste von bedrucktem, beschichtetem Stoff/Wachstuch für die Tür, das Fenster und die kleinen Wimpel
– ein kleines Stück Bügeleinlage (Typ H250) zum Verstärken der Rückseite der Wimpel
– 17 cm Schrägband für die Wimpelgirlande
– ein farblich zur Tasche passender Reißverschluss, 20 cm lang
– ein großer Plastikknopf (6 cm Durchmesser) für das Rad des Wohnwagens
– Garn (z. B. Baumwollstickgarn) zum Befestigen des Rades an der Tasche

Schnittmuster:
Nahtzugaben von 0,75 cm sind enthalten.
Bogen A, rote Linien

Nur der Schulterriemen und das Taschenfutter sind nicht auf dem Schnittmusterbogen. Folgende Maße auf den Stoff übertragen und die Teile zuschneiden:
Oberstoff: 1 x Vorder- und 1 x Rückseite aus Jeansstoff.
Futter: 1 x Vorder- und 1 x Rückseite aus Baumwolldruck.
Vordere Außentasche: 1 x aus Jeansstoff.
Futter der vorderen Außentasche: 1 Rechteck von 28 cm Breite und 16 cm Höhe aus Baumwolldruck.
Schulterriemen: 1 Streifen von 12 x 130 cm aus Baumwolldruck.
Seitliche Schlaufen: 1 Streifen von 10 x 14 cm aus Jeansstoff.
Wimpel: Dreiecke von 3 cm Grundseite und 4 cm Höhe aus zuvor mit Bügeleinlage (Bügeleinlage) verstärktem Baumwolldruck.
Tür und Fenster: Die Umrisse von Tür und Fenster direkt auf die Rückseite des beschichteten Stoffes zeichnen und entlang der Linien ausschneiden.

Tipps:

Wenn Ihr Stoff für den Schulterriemen von 130 cm nicht lang genug ist, schneiden Sie vier Streifen von 66 cm Länge zu, die Sie an der Schmalseite links auf links zusammennähen.
Die Wimpel können Sie statt aus Baumwolle aus buntem beschichtetem Stoff oder Kunstleder arbeiten. In diesem Fall erübrigt sich die Verstärkung mit Vlieseline, die am Baumwollstoff auch das Ausfransen verhindert.

Anleitung:

1. Mit der vorderen Außentasche beginnen. Das Rechteck aus Baumwolldruck (28 x 16 cm) am oberen Rand doppelt einschlagen (jeweils 1 cm). Den Umschlag bügeln, damit er gut hält. (Bild 1)

2. Diesen Umschlag von 1 cm Breite über die Oberkante der Außentasche aus Jeansstoff legen, sodass Baumwolldruck und Jeansstoff links auf links liegen. Feststecken und entlang der Kante des Umschlags feststeppen. (Bild 2)

3. Den überstehenden Futterstoff entlang des Umrisses der Jeanstasche abschneiden. Dies geht einfacher, wenn Sie Futter und Jeansstoff zusammenstecken. Die Tür aus beschichtetem Stoff auflegen und auf der Außentasche festnähen. **Denken Sie daran, einen Teflonfuß zu verwenden!** Die fertige Außentasche beiseitelegen. (Bild 3)

4. Die vier Wimpel in das gefalzte Schrägband einlegen. Die Girlande von der Vorderseite zusammensteppen. Das Schrägband auf beiden Seiten überstehen lassen; es wird später abgeschnitten. Das Fenster aus beschichtetem Stoff aufnähen. Zur Arbeitserleichterung dabei mit ablösbarem Klebeband fixieren, das nach und nach entfernt wird. So entstehen keine Löcher durch Feststecken. (Bild 4)

5. Den Reißverschluss rechts auf rechts kantenbündig an die Oberkante des Taschenvorderteils legen und feststecken. Den Reißverschlussfuß montieren und das Reißverschlussband auf die Taschenoberkante steppen. (Bild 5)

1

2

3

4

5

6. Das Taschenfutter aus Baumwolldruck rechts auf rechts auf den Oberstoff des Taschenvorderteils legen und an der Oberkante feststecken. (Bild 6)

7. Die Arbeit auf rechts wenden und die Stoffteile **genau auf der ersten Naht zusammensteppen**. (Bild 7)

8. Das erste Futterteil und das Vorderteil der Tasche sind nun an einer Seite des Reißverschlusses befestigt. (Bild 8)

9. Futterstoff und Oberstoff links auf links aufeinanderlegen. Den Futterstoff von rechts bügeln, sodass Futter und Oberstoff an der Oberkante kantenbündig liegen. (Bild 9)

10. Mithilfe des Reißverschlussfußes die Kante des Jeansstoffs entlang dem Reißverschluss absteppen. Durch diese Steppnaht werden zugleich Oberstoff und Futter zusammengenäht. Damit es schöner aussieht, einen farblich zum Futterstoff passenden Unterfaden einlegen. (Bild 10)

11. Für die Taschenrückseite und ihr Futter die Schritte 5 bis 10 wiederholen. (Bild 11)

12. Den 14 x 10 cm langen Jeansstreifen für die Schlaufen des Schulterriemens an den Längsseiten zur Mitte umfalzen wie ein Schrägband, dann nochmals längs falten. So entsteht ein vierlagiger Streifen von 14 x 2,5 cm. Diesen an der Längsseite zusammensteppen und in zwei Teile von 7 x 2,5 cm schneiden. (Bild 12)

6

7

8

9
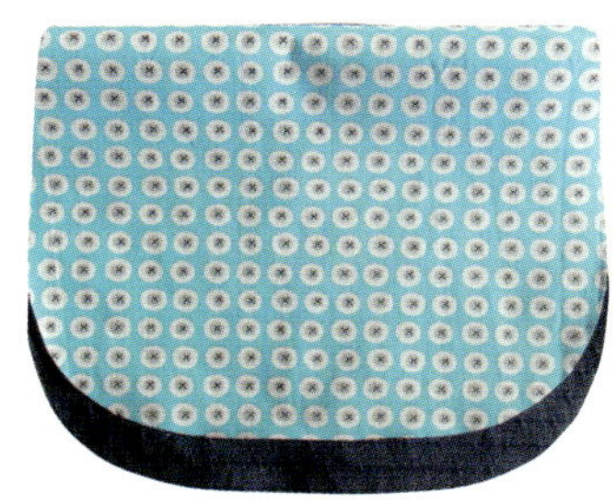

10

11

12

13. Diese beiden Streifen zur Schlaufe falten und 2 cm unterhalb der Oberkante von rechts auf die Vorderseite der Tasche stecken. 0,5 cm von der Kante entfernt feststeppen, damit das Zusammennähen der Tasche später leichter geht.

Die Außentasche so auf die Vorderseite der Tasche legen, dass die unteren Kanten bündig sind. Festklemmen oder -stecken. (Bild 13)

14. Die beiden Futterteile und die beiden Oberstoffteile jeweils rechts auf rechts aufeinanderlegen. **Dabei unbedingt den Reißverschluss öffnen, sonst können Sie die Tasche später nicht wenden!** Ringsum feststecken. (Bild 14)

15. Ringsum zusammensteppen; dabei an der Unterseite des Futters eine Öffnung lassen. Die Tasche durch diese Öffnung auf rechts wenden. Die Öffnung unauffällig mit Saumstichen schließen (siehe Grundbegriffe des Nähens, Seite 9) und das Futter in die Tasche schieben. (Bild 15)

16. Für den Schulterriemen den Streifen von 130 x 12 cm an den Schmalseiten 1 cm nach innen umschlagen, dann den Streifen der Länge nach wie ein Schrägband doppelt falzen. Es entsteht ein vierlagiger Streifen von 128 x 3 cm. (Bild 16)

17. Den Schulterriemen ringsum zusammensteppen. (Bild 17)

18. Den großen Knopf mit Baumwollstickgarn annähen. Dabei ruhig mit Farbkontrasten spielen. Das „Rad" wird nur an die Außentasche genäht, nicht ans Vorderteil der Haupttasche! Die Enden des Schulterriemens durch die seitlichen Schlaufen schieben und auf beiden Seiten festknoten. Fertig ist Ihre Tasche! (Bild 18)

13

14

15

16

17

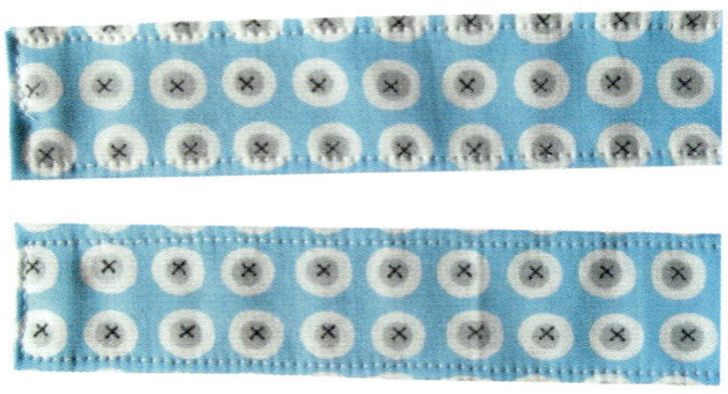

18

Portemonnaie Gipsy

Portemonnaie Gipsy

Ein bezauberndes Portemonnaie im Bohème-Stil – für Kleingeld, Fahr- und Eintrittskarten oder kleine Geheimnisse.

Für dieses Modell empfehle ich Ihnen, Klammern zum Heften zu verwenden; sie hinterlassen im Kunstleder keine Löcher und halten Vorder- und Rückseite beim Zusammennähen fest zusammen.
Denken Sie daran, einen Teflonfuß zu verwenden!

Grösse: 11 x 14 cm

Schwierigkeitsgrad: *

Material:
– ein Stück Kunstleder von 26 x 16 cm für die Vorder- und Rückseite
– Reste von farbigem Leder (oder Kunstleder) und beschichtetem Stoff/Wachstuch für das Fenster und die Tür
– ein Reißverschluss von 15 cm Länge (oder länger, dann passend abschneiden)
– ein großer Knopf von 3,5 cm Durchmesser für das Rad
– ein Schlüsselring
– ein Stück Schrägband von 6 cm Länge
– etwas Baumwollstickgarn zum Annähen des Knopfrades
– für Leder und PVC geeigneter Textilkleber oder ablösbares Klebeband
– ein Kunststoffdruckknopf (Snap) in Sternform für die Tür

Schnittmuster:
Bogen A, dunkelblaue Linien

Die Schnittteile auf die Rückseite des Kunstleders übertragen und direkt entlang der Linien zuschneiden. Mit einem Cutter oder einer Schere den Schlitz für den Reißverschluss einschneiden.

Aus weißem Kunstleder zuschneiden: 1 x Vorderseite und 1 x Rückseite.
Aus Leder und Wachstuch: 1 x Tür und 1 x Fenster.

Info:

Wenn Sie die Tür lieber mit einem Sternchen-Snap versehen wollen, als ein Sternchen aus Leder aufzukleben, denken Sie daran, diesen Druckknopf während Schritt 4 noch vor

Tipp:

Um das Rad an der richtigen Stelle anzubringen und das Annähen zu erleichtern, rate ich Ihnen, die vier Löcher des Knopfes mit einer Lochzange vorzustechen. So können Sie nach dem Befestigen des Rades mit dem Textilkleber das Stickgarn zum Annähen einfach durch die Löcher ziehen.

dem Aufnähen der Tür anzubringen.

Anleitung:

1. Alle Teile zuschneiden. (Bild 1)

2. Den Reißverschluss in den vorgesehenen Schlitz des Vorderteils legen und zur Arbeitserleichterung mit Klammern befestigen wie auf dem Foto. Die Löcher für das Rad mit einer Lochzange vorstanzen. Dafür den Knopf auf das Vorderteil legen, die Position der Löcher mit einem Stift markieren und an diesen Markierungen Löcher stechen. (Bild 2)

3. Rings um den Schlitz steppen, um den Reißverschluss einzunähen. Verwenden Sie hierfür nicht den Reißverschlussfuß, sondern den Teflonfuß, da dieser auf dem Kunstleder nicht haftet. Falls nötig, den Schieber des Reißverschlusses während des Nähens verschieben. Zum Schluss auf beiden Seiten die überstehenden Enden des Reißverschlusses abschneiden. **Achten Sie darauf, dass die kleinen Metallteile (Sperren) des Reißverschlusses beim Nähen nicht genau unter der Naht liegen, sonst könnte Ihre Nadel brechen!**

Falls sie ungünstig liegen, sollten Sie die Sperren besser abschneiden. (Bild 3)

4. Auf die Vorderseite Ihres Wohnwagens die Tür und das Fenster legen, deren Rückseite Sie zuvor mit Kleber bestrichen haben. Dabei an den Markierungen auf dem Schnittmuster orientieren. Falls Sie keinen für Leder geeigneter Textilkleber besitzen, können Sie wieder ablösbares Klebeband verwenden, das Sie während des Nähens nach und nach entfernen. Fenster und Tür aufsteppen. (Bild 4)

5. Die Tür können Sie mit einem Sternchen aus Kunstleder verzieren, das Sie mit Textilkleber aufkleben. Nach Wunsch können Sie auch einen Kunststoffdruckknopf verwenden; bringen Sie diesen jedoch bereits vor Schritt 4 an. (Bild 5)

1
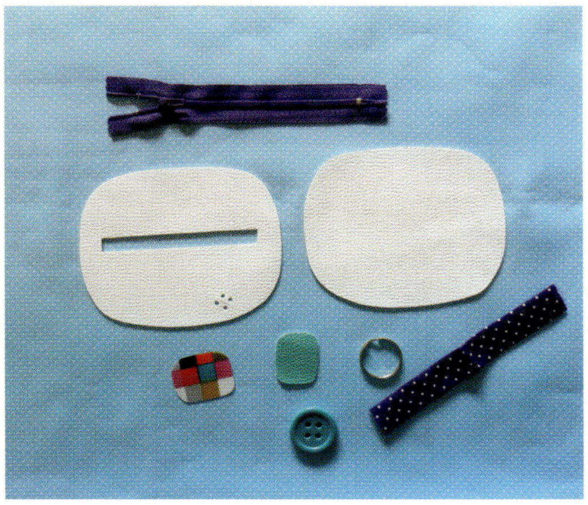

2
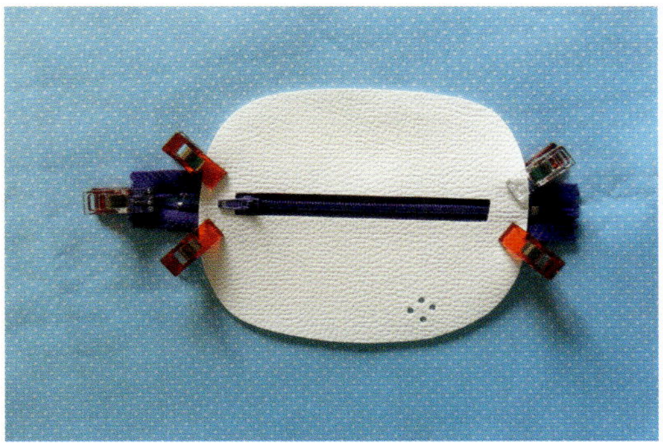

3
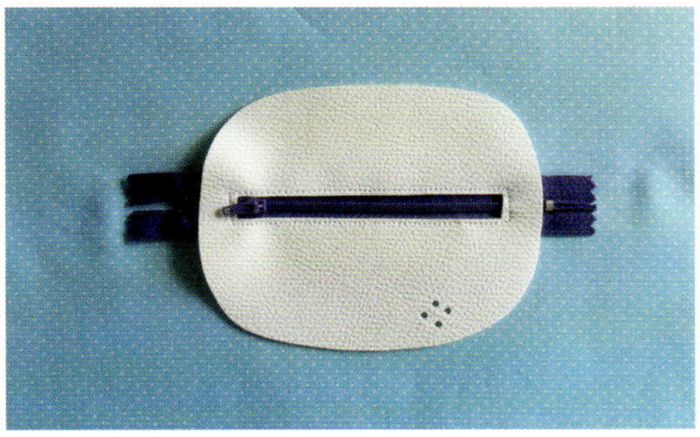

4
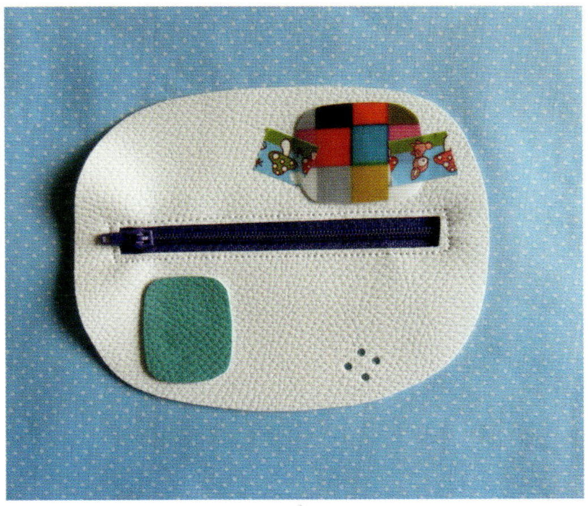

5
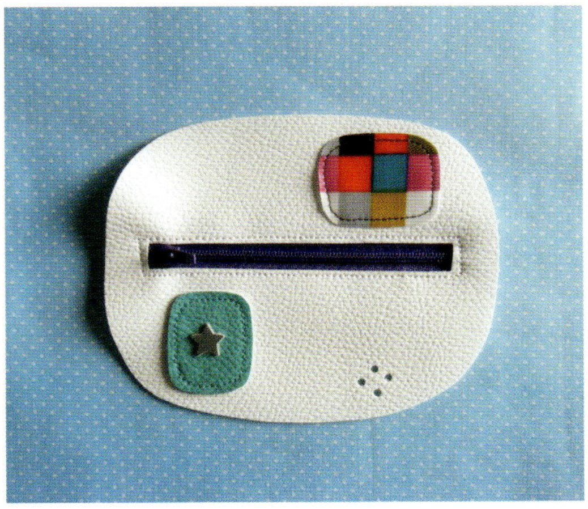

6. Den Schlüsselring auf das Stück Schrägband ziehen und dieses in der Mitte falten. Die Kanten U-förmig absteppen, sodass der Schlüsselring im Knick des gefalteten Schrägbands befestigt wird. (Bild 6)

7. Vorder- und Rückseite links auf links aufeinanderlegen, das Schrägband mit dem Schlüsselring dazwischenschieben und alles ringsum mit Klammern zusammenheften. Das Schrägband wird in der Naht mitgefasst. Rings um den Wohnwagen steppen. Besonders hübsch sieht es aus, wenn Sie Nähgarn Ton in Ton zum Kunstleder verwenden, auch als Unterfaden, da man die Unterseite der Naht ebenfalls sieht. (Bild 7)

8. Den Knopf, der als Rad dient, so aufkleben, dass seine Löcher genau über den vorgestanzten Löchern im Kunstleder liegen. Vor dem Annähen trocknen lassen. (Bild 8)

9. Den Knopf mit einigen Stichen mit dem Stickgarn annähen. Hierzu ruhig kontrastfarbiges Garn verwenden, das sieht originell aus. Den Faden auf der Innenseite des Portemonnaies verknoten. (Bild 9)

Nun ist Ihr Portemonnaie bereit, Ihre Schätze aufzunehmen!

6

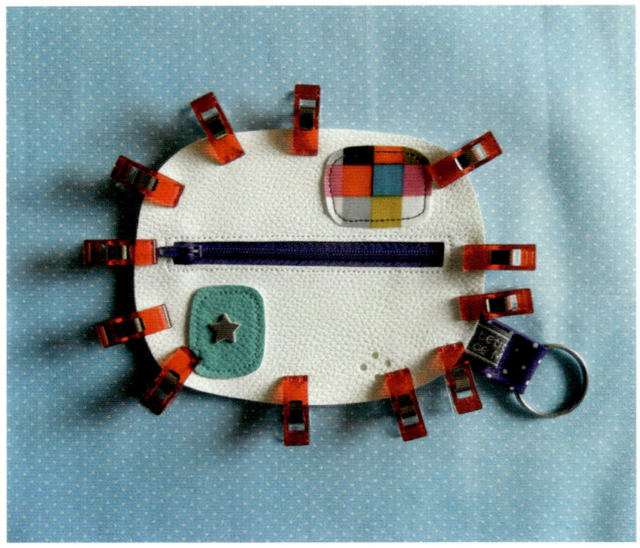
7

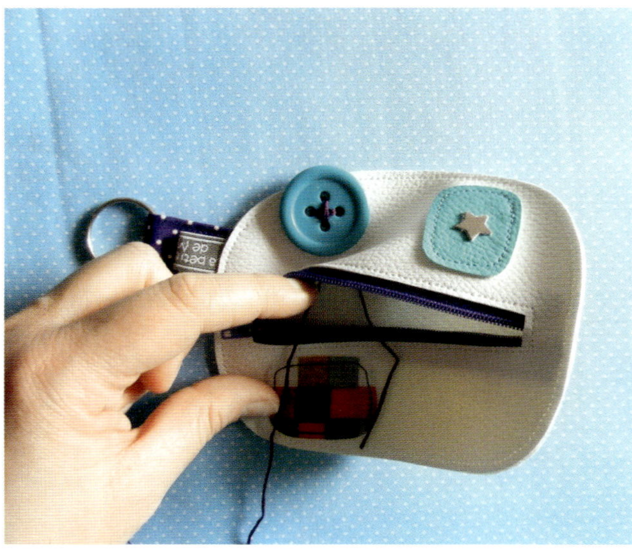
9

8

Handtäschchen
Meine kleine Hütte

Handtäschchen Meine kleine Hütte

Eine kleine Hütte voller Träume für ein Täschchen voller Verheißungen ...

GRÖSSE: 20 x 25 cm

SCHWIERIGKEITSGRAD: **

MATERIAL:
- türkisblaues Kunstleder für Außenseite und Klappe der Tasche
- bunte Reste von Kunstleder für die Applikationen auf der Klappe
- ein 20 x 30 cm großes Stück Baumwolldruck für das Futter der Klappe
- etwas Bügeleinlage (Typ H250) für das Futter der Klappe
- 64 cm Schrägband für die Einfassung der Tasche
- 140 cm Schrägband für den Schulterriemen
- ein sogenanntes Mappenschloss (auch Steckschloss genannt) von 22 x 33 mm als Taschenverschluss
- zwei kleine drehbare Karabinerhaken für Riemen, 15 mm
- eine kleine Verstellschnalle oder ein BH-Verstellring (1 cm breit). Im Kurzwarenbedarf für Wäsche/Dessous auch unter „Ringe und Schieber" zu finden..
- 26 cm buntes Webband
- 2 kleine Standardösen zur Befestigung des Schulterriemens
- Textilkleber für Leder, Stoff und PVC oder wieder ablösbares Klebeband

SCHNITTMUSTER:
Nahtzugaben von 0,75 cm sind im Schnittmuster enthalten
Bogen A, grüne Linien

Nur der Schulterriemen ist auf dem Schnittmuster nicht enthalten. Folgende Maße auf den Stoff übertragen und die Teile zuschneiden:

Oberstoff: 1 x Vorder- und 1 x Rückseite aus Kunstleder.

Klappe: je 1 x aus Kunstleder, Vlieseline und Baumwollstoff.

Applikationen aus Kunstleder: Die Umrisse von Ast, Blatt, Haus, Wolken und Mond direkt auf die Rückseite des Kunstleders übertragen, **dabei die Richtung (spiegelbildlich) beachten!** Wenn also der Schornstein der Hütte auf der rechten Seite sein soll, müssen Sie ihn auf der Rückseite des Kunstleders auf der linken Seite aufzeichnen. Die Teile direkt entlang der Umrisse zuschneiden.

Schulterriemen: Schrägband, 140 cm lang.

Bei diesem Modell muss die fertig genähte Klappe genau so breit sein wie die noch ungenähte Vorder- und Rückseite! Sie müssen beim Übertragen des Schnittmusters ganz exakt arbeiten. Beim Zusammennähen wird ein Teil von Klappe, Vorder- und Rückseite mit Schrägband eingefasst. Dazu muss die Klappe kantenbündig mit Vorder- und Rückseite sein.

Statt Kunstleder können Sie auch weiches Leder verwenden.

Anleitung:

1. Alle Applikationen aus Kunstleder ausschneiden und auf die Rückseite der Hütte ganz nach Ihren Wünschen Kunstleder, beschichteten oder anderen Stoff legen. (Bild 1)

2. Anhand der Markierungen auf dem Schnittmuster alle Applikationen auf die Klappe legen. Zuerst die Hütte, dann den Mond, die Wolken, den Ast, die unteren Blätter und die oberen Blätter. Zur Arbeitserleichterung die Teile vor dem Aufnähen mit etwas Textilkleber für Leder fixieren. **Den Teflonfuß verwenden!** Die unteren beiden Blätter nur aufkleben, nicht aufnähen. (Bild 2)

3. Die Bügeleinlage von links auf das Futter der Taschenklappe bügeln. Das Futter dann rechts auf rechts auf den Oberstoff der Klappe legen. **Die Teile ringsum mit Klammern fixieren, nicht abstecken, um Löcher im Kunstleder zu vermeiden.** (Bild 3)

4. Die Teile an allen Seiten, außer den oberen Rand, zusammennähen. Die Rundungen sorgfältig einkerben. Auf rechts wenden und ringsum absteppen. Beiseitelegen. (Bild 4)

5. Auf dem Oberstoff der Rückseite 2 cm vom oberen Rand entfernt eine waagrechte Linie ziehen. (Bild 5)

6. Die Klappe links auf rechts auf den Oberstoff der Rückseite legen. Die Oberkante der Klappe muss auf der gezogenen Linie liegen. Ich rate Ihnen, die Klappe an einigen Punkten mit Textilkleber zu fixieren. Falls Sie keinen haben, verwenden Sie ablösbares Klebeband und fixieren Sie die Teile rechts und links mit Klammern. (Bild 6)

1

2

3

4

5

6

7. Das bunte Webband auf die Verbindung von Klappe und Rückseite legen. (Bild 7)

8. Das Band auf beiden Seiten der Länge nach kanppkantig aufsteppen. Denken Sie daran, den Unterfaden zu wechseln, damit er die gleiche Farbe hat wie die Innenseite des Kunstleders. **Da das Täschchen kein Futter erhält, sollten die Abschlüsse und Nähte auf der Innenseite so sorgfältig wie möglich gearbeitet werden.** (Bild 8)

9. Die Vorder- und Rückseite links auf links aufeinanderlegen und ringsum mit Klammern fixieren. (Bild 9)

10. Den äußeren Rand des Vorderteils 0,5 cm von der Kante absteppen, um das Anbringen des Schrägbands zu erleichtern. (Bild 10)

11. An dieser Tasche wird das Schrägband nicht auf herkömmliche Weise angenäht, sondern zur Vereinfachung der Länge nach gefalzt und über die Kante des Kunstleders gestülpt. Am besten mit Klammern fixieren; das Schrägband muss die zuvor angebrachte Steppnaht verdecken. Die Enden des Schrägbands jeweils 1 cm nach innen umschlagen, damit sie nicht ausfransen. 0,3 cm von der Kante des Schrägbands entfernt aufsteppen. (Bild 11)

12. Den Taschenverschluss mittig auf den unteren Rand der Klappe legen. Mit Lochzange oder Stichel zwei Löcher durch die beiden kleinen Öffnungen des Verschlusses stanzen. Den Sicherungshaken durch die Löcher stecken und auf der Innenseite der Klappe nach innen umbiegen. **Achtung, nicht durch die Steppnaht stechen!** (Bild 12)

7

8

9

10

11

12

13

13. Das zweite Teil des Verschlusses passgenau zum ersten Teil am Taschenvorderteil befestigen. (Bild 13)

14

14. Mit dem beiliegenden Werkzeug die Löcher für die Ösen oben in den Umschlag der Taschenklappe stechen. (Bild 14)

15

15. Achtung, die Ösen nicht auf der Steppnaht platzieren! (Bild 15)

16

16. Das 140 cm lange Schrägband der Länge nach in der Mitte umfalzen. Den Falz zum leichteren Weiterarbeiten durch Bügeln fixieren. Das Schrägband der Länge nach zusammensteppen. (Bild 16)

17

17. Das Schrägband durch die kleine flache Verstellschnalle und den Karabiner schieben. (Bild 17)

18

18. Das Ende des Schrägbands wieder durch die Schnalle ziehen wie auf dem Foto, 1 cm nach innen umschlagen, damit es nicht ausfranst, und an der Stelle, an der sich die Klammer befindet, zusammennähen. (Bild 18)

19

19. Das andere Ende durch den zweiten Karabiner fädeln, ebenfalls 1 cm umschlagen und festnähen. Die Karabiner in den Ösen einhaken – fertig ist Ihre Tasche! (Bild 19)

Tipp:

Bevor Sie spezielle Webseiten suchen, die BH-Verstellringe führen, überlegen Sie, ob Sie nicht die Ringe eines alten BHs wiederverwerten können. So können Sie unerwartete Schätze finden!

Täschchen
Auf meiner kleinen Wolke

Täschchen Auf meiner kleinen Wolke

Leder und Liberty-Stoff für dieses kleine Wolkentäschchen. Mit Fächern zum Verstauen kleiner Papiere, sodass diese nicht durcheinandergeraten. Leicht und schnell gemacht – ideal als kleines Geschenk in letzter Minute.

An diesem Modell bestehen Rücken und Klappe aus einem Stück. Die Grenze zwischen Rücken und Klappe entsteht beim Umschlagen der Klappe.
Die Schnittteile direkt auf die Rückseite des Leders übertragen und entlang der Linien ausschneiden.
Beachten Sie beim Übertragen auf das Leder die Richtung der Teile: Sie müssen sie spiegelverkehrt zu der Form aufzeichnen, die sie später von rechts haben sollen!
Zur Arbeitserleichterung einen Teflonfuß und Klammern verwenden.
Damit das Täschchen hübscher aussieht, einen guten Griff bekommt und da es zudem innen nicht gefüttert wird, empfehle ich Ihnen, unbedingt weiches Kalbsleder oder Ähnliches zu verwenden, kein Kunstleder.

Grösse: 13,5 x 21 cm

Schwierigkeitsgrad: *

Material:
– ein Stück Leder von 25 x 46 cm für die Außentasche
– ein Stück Liberty-Stoff von 23 x 30 cm für das Innenfach
– ein Stück Vlieseline H250 von 23 x 30 cm für das Innenfach
– Reste von silbrigem (oder farbigem) Leder für die Regentropfen
– einen Kunststoffdruckknopf (Snap) als Verschluss
– Textilkleber für Leder oder wieder ablösbares Klebeband

Schnittmuster:
Bogen A, braune Linien
Nur das Innenfach ist auf dem Schnittmusterbogen nicht enthalten.

Folgende Maße auf das Leder bzw. den Stoff übertragen und zuschneiden:
Außentasche: Rücken/Klappe und Vorderteil je 1x aus Leder.
Regentropfen: 3 Tropfen aus Leder.
Innenfach: aus Vlieseline und Liberty je 1 Rechteck von 23 x 30 cm

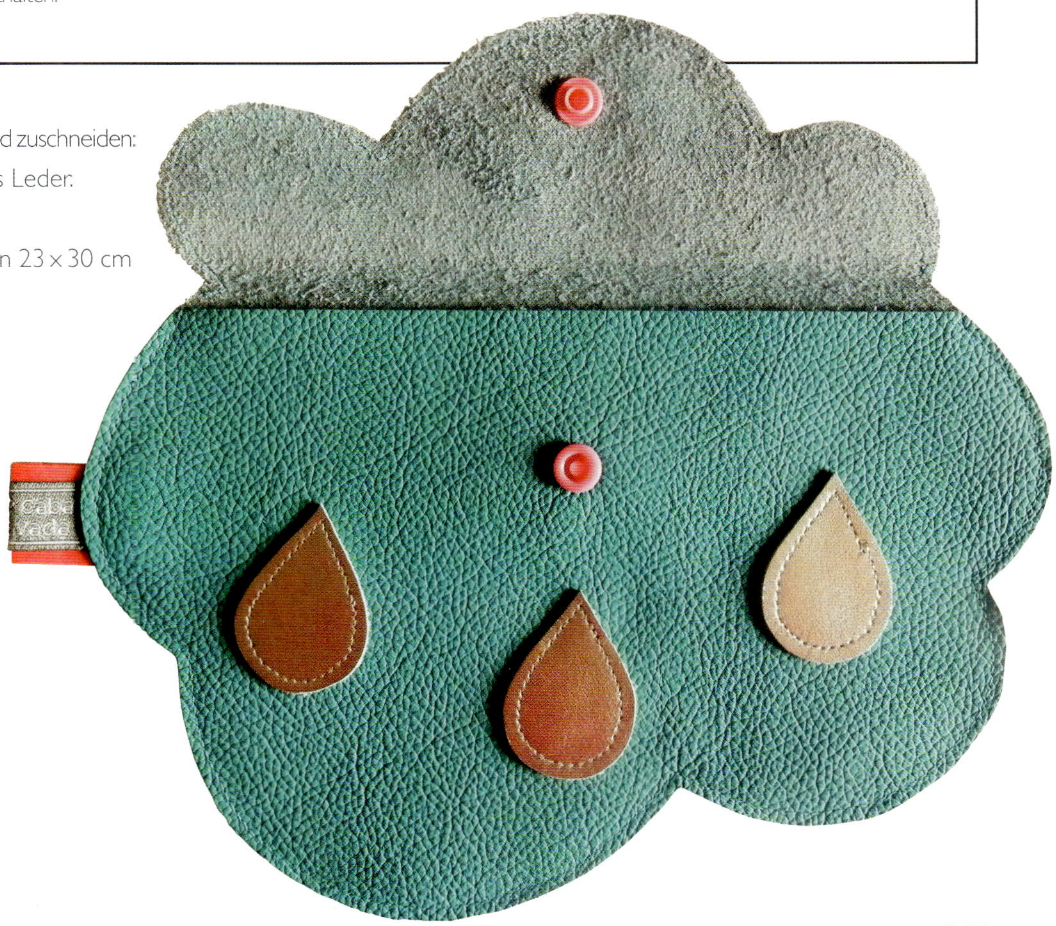

Anleitung:

1. Nach dem Zuschneiden aller Teile die drei Tropfen gemäß den Markierungen auf dem Schnittmuster auf die Vorderseite steppen. Sie können etwas Kleber auf die Rückseite der Tropfen geben, damit sie beim Aufnähen nicht verrutschen. Damit es hübscher aussieht, verwenden Sie farblich abgestimmtes Nähgarn. (Bild 1)

2. Den Liberty-Stoff von links mit der Bügeleinlage verstärken und in der Mitte falten, sodass ein Rechteck von 23 x 15 cm entsteht. (Bild 2)

3. Den Umbruch knappkantig absteppen. (Bild 3)

4. Das Schnittmuster des Vorderteils kantenbündig an den Umbruch des Liberty-Stoffs legen und den Umriss mit auswaschbarem Textilstift aufzeichnen. Direkt auf der Linie zuschneiden. (Bild 4)

5. Sie erhalten eine Wolke, die durch die Steppnaht in zwei Teile geteilt wird. (Bild 5)

6. Die Wolke aus Liberty auf das Rücken-Klappen-Teil legen und mit dem Vorderteil aus Leder bedecken. Am unteren Rand müssen alle Teile genau übereinanderliegen. (Bild 6)

7. Alle drei Teile ringsum mit Klammern zusammenheften, damit sie beim Zusammennähen nicht verrutschen. Rings um die Wolke zusammensteppen. Dabei ruhig auch den Rand der Klappe absteppen, wie es bei Lederwaren gemacht wird. Einen Teflonfuß verwenden. (Bild 7)

8. Den Kunststoffdruckknopf anbringen. (Bild 8)

1

2

3

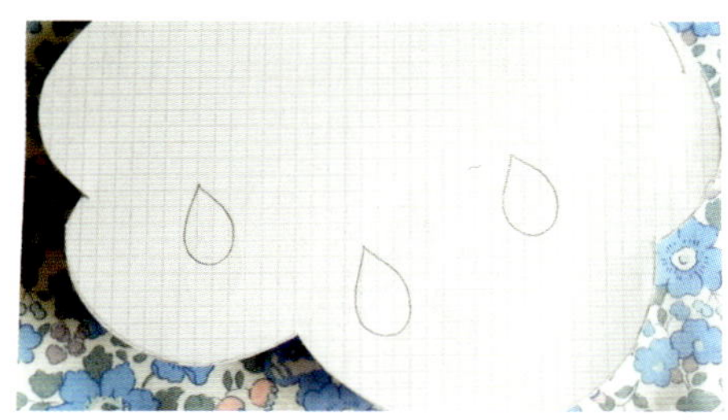
4

5

6

7

8

Beschwingtes Handtäschchen

Beschwingtes Handtäschchen

Ein Handtäschchen mit abnehmbarem Schulterriemen für spontane kleine Ausflüge, für Sommerabende und Kaffeepausen – ideal, um rasch alles Nötige einzustecken. Wenn Sie den Schulterriemen abnehmen, verwandelt es sich in eine Clutch für einen eleganteren Abend.

GRÖSSE:
Geschlossen: 20 × 30 cm
Geöffnet: 32 × 30 cm

SCHWIERIGKEITSGRAD: *

MATERIAL:
– 40 cm Suedine (Wildlederimitat) als Oberstoff
– 40 cm Liberty-Stoff für das Futter und die Befestigung der rückwärtigen Schlaufen
– 40 cm Vlieseline H250 zum Aufbügeln für das Futter, die Sternapplikation und den Streifen zur Befestigung der rückwärtigen Schlaufen
– ein Rest beschichteter Liberty-Stoff für die Sternapplikation
– 20 cm Baumwolldruck für die Schlaufen, welche die Ringe halten, sowie für den Schulterriemen
– 2 kleine Mappenschlösser (auch Steckschlösser genannt) von 22 × 33 mm
– 2 kleine rechteckige Ringe (Vierkantringe) von 2,5 cm
– 360 cm Liberty-Paspel (Cordon Liberty) für den Schulterriemen
– 4 Kunststoffdruckknöpfe (Snaps) für den Schulterriemen

SCHNITTMUSTER:
Nahtzugaben von 1 cm sind enthalten.
Bogen D, grüne Linien

Nur der Taschenbeutel, das Futter und der Stern sind auf dem Schnittmuster enthalten. Maße der übrigen Teile siehe unten. Folgende Maße auf den Stoff übertragen und die Teile zuschneiden:

Taschenbeutel: 1 × Vorder- und 1 × Rückseite aus Wildlederimitat.

Futter: je 1 × Vorder- und 1 × Rückseite aus Liberty und Vlieseline.

Streifen zur Befestigung der rückwärtigen Schlaufen: je 1 Streifen von 12 × 32 cm aus Vlieseline und Liberty.

Schlaufen für die Ringe: 1 Streifen von 10 × 24 cm aus Baumwolldruck.

Sternapplikation: Von links etwas Vlieseline auf den beschichteten Stoff bügeln, mit geringer Temperatur und einem Stück Backpapier zwischen Vlieseline und Bügeleisen. Den Umriss des Sternes mit einem Stift auf die Vlieseline übertragen und direkt auf der Linie ausschneiden.

Schulterriemen: Die 360 cm Liberty-Paspel in 3 Stücke à 120 cm schneiden. Aus dem Baumwolldruck 1 Streifen von 10 × 28 cm zuschneiden.

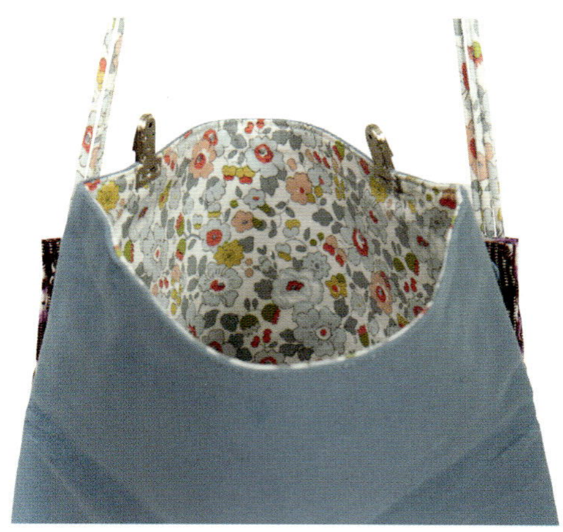

Anleitung:

1. Den mit Vlieseline verstärkten Stern gemäß der Markierung auf dem Schnittmuster auf den Taschenrücken aus Wildleder legen und ringsum mit Nähgarn im gleichen Farbton aufsteppen. Dafür den **Teflonfuß** verwenden! Um Löcher im beschichteten Stoff zu vermeiden, heften Sie den Stern mit ablösbarem Klebeband an, das Sie beim Nähen nach und nach entfernen. (Bild 1)

1

2. Den Baumwollstreifen von 10 x 24 cm, der die Schlaufen für die Ringe bilden soll, an den Längsseiten nach innen umfalzen, dann nochmals der Länge nach falten wie ein Schrägband. An den Längsseiten zusammensteppen – es entsteht ein vierlagiger Streifen von 2,5 x 24 cm. (Bild 2)

2

3. Diesen Streifen in zwei gleich lange Teile schneiden. Auf jeden einen Vierkantring ziehen, die Enden zusammenlegen und mit großen Stichen zusammenheften. (Bild 3)

3

4. Den 12 x 32 cm großen Streifen aus Liberty-Stoff zur Befestigung der rückwärtigen Schlaufen von links mit Vlieseline verstärken. Die Längsseiten jeweils 1 cm nach innen umfalzen, den Streifen nochmals der Länge nach in der Mitte falten – es entsteht ein Streifen von 5 x 32 cm. (Bild 4)

4

5. Den Libertystreifen 14 cm unterhalb der Oberkante auf das rückwärtige Taschenteil legen und die Schlaufen mit den Ringen im Abstand von 2 cm von den Außenkanten unter den Streifen schieben. Den Streifen gut festklemmen oder -stecken, damit er beim Festnähen nicht verrutscht. (Bild 5)

5

6. Den Libertystreifen wieder über die Schlaufen mit den Ringen falten. (Bild 6)

6

7. Den Streifen an beiden Längsseiten aufsteppen. **Nähen Sie diese Nähte doppelt, damit sie besser halten!** (Bild 7)

8. Das vordere Taschenteil rechts auf rechts auf das rückwärtige legen, feststecken und abgesehen von der Oberkante ringsum zusammensteppen. (Bild 8)

9. Vlieseline von links auf das Futter aus Liberty-Stoff bügeln und das Futter rechts auf rechts ebenso zusammensteppen wie den Oberstoff (d. h. oben offen lassen). Zusätzlich am unteren Rand eine Öffnung zum Wenden lassen. (Bild 9)

10. Das auf rechts gewendete Futter in die auf links gewendete Außentasche schieben. Die rechte (bedruckte) Seite des Futters liegt also auf der rechten Seite des Oberstoffs (Sternseite). (Bild 10)

11. Am oberen Rand zusammenstecken und zusammennähen. Das Futter wird also ringsum an den Oberstoff gesteckt und mit diesem zusammengesteppt. (Bild 11)

12. Die Tasche durch die im Futter gelassene Öffnung wenden. Die Öffnung im Futter unauffällig mit Saumstichen schließen (siehe Grundbegriffe des Nähens, S. 9) und das Futter wieder in die Tasche schieben. Die Tasche von innen bügeln, damit das Futter glatt liegt. (Bild 12)

7

8

9

10

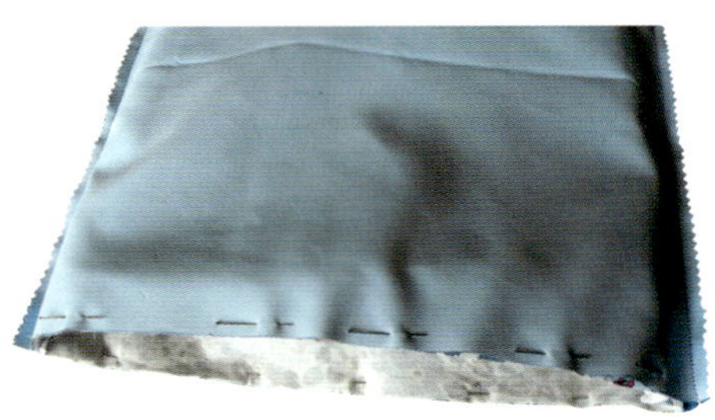
11

12

13. Den oberen Rand ringsum knappkantig absteppen, dazu die Stichlänge vergrößern. Die Mappenverschlüsse 4 cm vom Rand entfernt an der Oberkante des Taschenrückens anbringen. **Achtung, dabei nicht durch die Steppnaht stechen, sondern knapp oberhalb!** (Bild 13)

14. Die Gegenstücke der Mappenverschlüsse passend zu den ersten Teilen am Vorderteil anbringen. Wenn Sie befürchten, die Taschenrückseite zugleich mit der Vorderseite zu durchstechen, können Sie ein Buch oder eine feste Pappe in die Tasche legen. (Bild 14)

15. Den 10 x 28 cm großen Streifen für den Schulterriemen der Länge nach in der Mitte durchschneiden. Es entstehen zwei Streifen von 10 x 14 cm. Weiter vorgehen wie in Schritt 2; zusätzlich die Schmalseiten je 1 cm nach innen einschlagen. Die drei 120 cm langen Liberty-Paspeln einlegen und den Streifen auf 2,5 x 12 cm zusammenklappen. Mit kleiner Stichlänge ringsum zusammensteppen, dabei die Schmalseiten mit den Paspeln besonders fest nähen. Ich rate Ihnen sogar, zweimal ringsum zu steppen. (Bild 15 und 16)

16. Denselben Arbeitsschritt mit dem zweiten Streifen wiederholen. (Bild 17)

17. Die Kunststoffdruckknöpfe anbringen und den Schulterriemen aus den drei Paspeln an den Ringen befestigen. Fertig ist Ihre Tasche! (Bild 18)

13

14

15

16

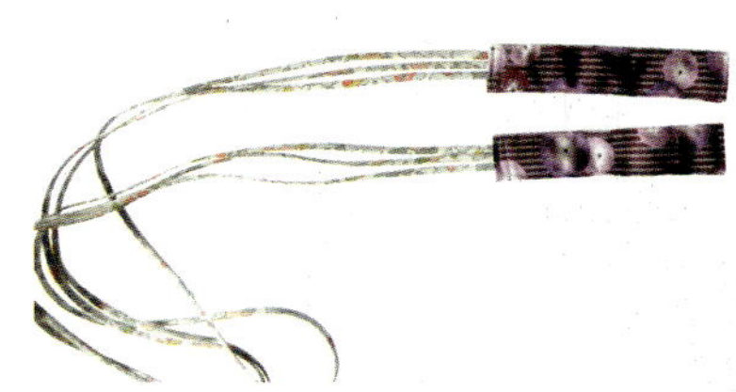
17

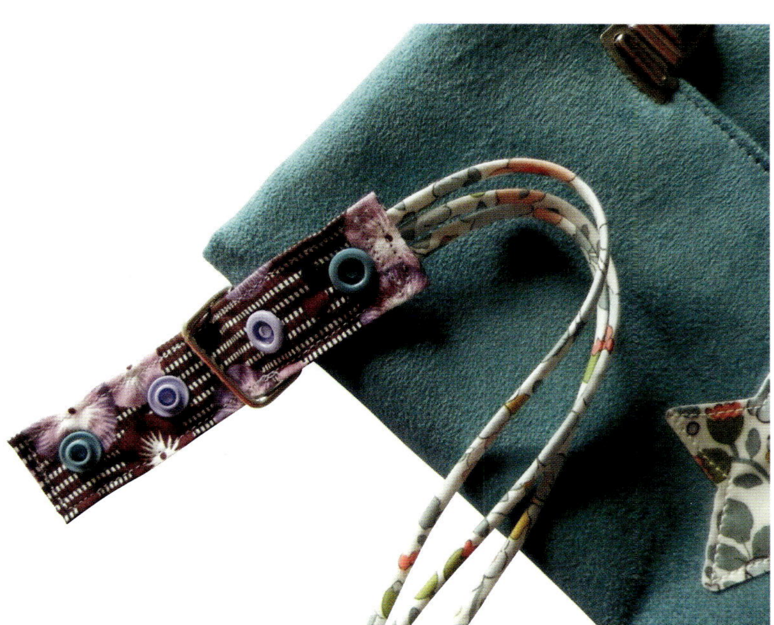
18

Portemonnaie
Kopf oder Zahl

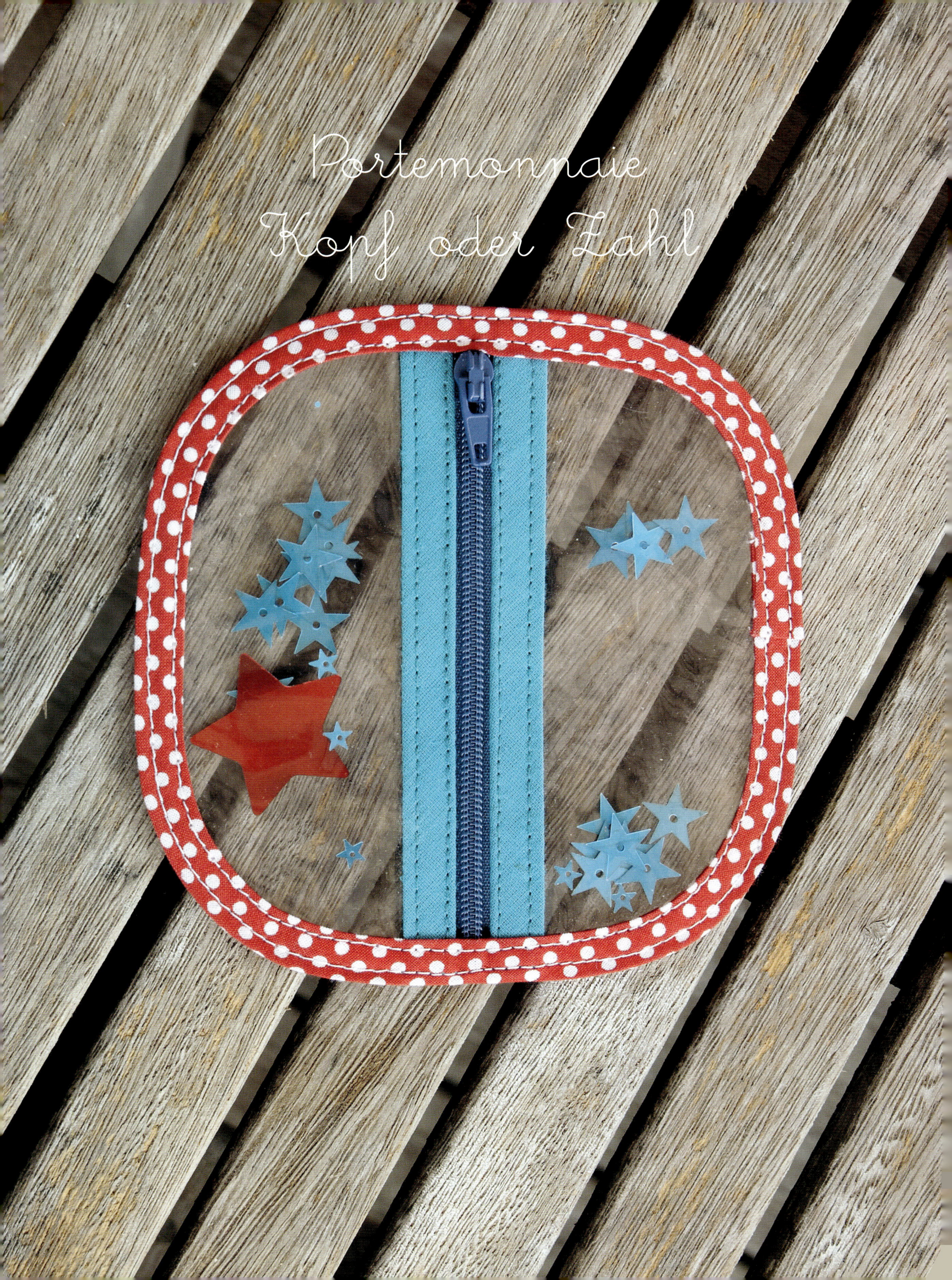

Portemonnaie Kopf oder Zahl

Ein kleines, kunststoffbeschichtetes Portemonnaie, das Sie individuell gestalten können. Transparent mit kleinen Pailletten oder aus Liberty-Stoff – Sie haben die Wahl!

Ich gebe eine schrittweise Anleitung für beide. Da das Klarsichtmodell fast identisch gearbeitet wird, beschreibe ich dafür nur die abweichenden Passagen.

Wenn Sie lieber einen Brustbeutel hätten, benötigen Sie zusätzlich eine Kordel oder Paspel von 1 m Länge und eine Standardöse, die Sie im Schrägband der Einfassung befestigen.
Hätten Sie lieber ein Schlüsselmäppchen, benötigen Sie eine Standardöse, die ebenfalls im Schrägband der Einfassung befestigt wird, sowie einen Schlüsselring, den Sie durch die Öse schieben.

Größe: 12 x 12 cm

Schwierigkeitsgrad: **

Material:

Für das Portemonnaie aus Liberty-Stoff:
– 20 cm Klarsichtfolie/transparentes Wachstuch als Oberstoff
– 20 cm Liberty-Stoff (ideal zur Resteverwertung!)
– etwas Bügeleinlage (Vlieseline H250) zum Verstärken des Liberty-Stoffs
– ein Reißverschluss, 15 cm oder länger (entsprechend abschneiden)
– 2 x 16 cm Schrägband für die Verbindung zwischen Klarsichtfolie und Reißverschluss
– 44 cm Schrägband für die Einfassung des Portemonnaies

Für das transparente Portemonnaie:
– 20 cm Klarsichtfolie (uni oder mit Pailletten) als Oberstoff
– ein Reißverschluss, 15 cm oder länger (entsprechend abschneiden)
– 2 x 16 cm Schrägband für die Verbindung zwischen Klarsichtfolie und Reißverschluss
– 44 cm Schrägband für die Einfassung des Portemonnaies
– einige Pailletten (im Supermarkt in der Abteilung Dekoration für Feste/Geburtstage oder in Bastelgeschäften zu finden)

Schnittmuster:
Bogen A, orangefarbene Linien

Nahtzugaben entfallen bei diesem Modell; die Schnittteile werden direkt aufgezeichnet und entlang der Linien ausgeschnitten.
Das Modell ist nicht kompliziert, erfordert jedoch Genauigkeit; die einzelnen Schritte müssen exakt befolgt werden.
Zur Arbeitserleichterung benötigen Sie unbedingt Klammern (falls Sie keine haben, verwenden Sie Büro- oder Wäscheklammern) und der Teflonfuß ist ebenfalls ein Muss bei Klarsichtfolie. Sie werden feststellen, dass ich zunächst relativ große Maße angebe, um die Verarbeitung zu erleichtern.

Zuschnitt für das Portemonnaie aus Liberty-Stoff:

Aus Klarsichtfolie: 2 Rechtecke von 16 x 20 cm und 1 Rechteck von 16 x 32 cm.
Aus Vlieseline **und** Liberty-Stoff: 2 Rechtecke von 16 x 10 cm und 1 Quadrat von 16 x 16 cm.

Zuschnitt für das transparente Portemonnaie:
Aus der Klarsichtfolie: 2 Rechtecke von 16 x 20 cm und 1 Quadrat von 16 x 16 cm..

Anleitung (Liberty-Modell):

1. Alle Teile zuschneiden. (Bild 1)

2. Eines der Rechtecke (16 × 20 cm) aus Klarsichtfolie in der Mitte falten, sodass ein Rechteck von 16 × 10 cm entsteht. Ein Rechteck aus Liberty-Stoff von links mit Vlieseline verstärken und zwischen die beiden Lagen der Folie schieben. (Bild 2)

3. Ein 16 cm langes Schrägband mit der rechten Seite nach unten kantenbündig auf das Folienrechteck mit dem innen liegenden Liberty-Stoff legen und mit Klammern befestigen. (Bild 3)

4. Auf dem Falz, der am nächsten zur Kante liegt, feststeppen. (Bild 4)

5. Das Schrägband so auf die andere Seite umschlagen, dass es die Befestigungsnaht verdeckt. Mit der bereits festgesteppten Seite nach unten auf den Reißverschluss legen. (Bild 5)

6. Zuerst entlang der Kante, die näher an den Reißverschlusszähnen liegt, feststeppen. Eine zweite Steppnaht entlang der anderen Kante des Schrägbands anbringen. **Reißverschlussfuß verwenden!** (Bild 6)

7. Die Schritte 2 bis 6 für die andere Seite wiederholen. (Bild 7)

8. Das Folienstück von 16 × 32 cm in der Mitte auf 16 × 16 cm falten. Das Quadrat aus Liberty-Stoff (16 × 16 cm) mit Bügeleinlage verstärken und zwischen die Lagen der Folie schieben. (Bild 8)

1

2

3

4

5

6

7

8

9. Die Partie mit dem Reißverschluss auf das 16 x 16 cm große Quadrat legen. Der Liberty-Stoff beider Teile liegt links auf links. (Bild 9)

10. Das Schnittmusterteil mit der Mittellinie genau auf den Reißverschluss legen. Es dient als Schablone. Das Schrägband muss die exakte Fortsetzung der beiden Linien bilden, die auf dem Schnitt parallel zur Mittellinie verlaufen. Mit Kugelschreiber den Umriss des Schnittmusters auf die Klarsichtfolie zeichnen. Kräftig aufdrücken, damit die Linien gut zu sehen sind. (Bild 10)

11. Das Teil ringsum ausschneiden. **Achtung, der Zipper des Reißverschlusses muss sich innerhalb der Schnittlinie befinden!** Ringsum mit Klammern heften, damit das Ganze beim Zusammennähen nicht verrutscht. (Bild 11)

12. Die Teile zunächst **mit dem Teflonfuß** im Abstand von 0,5 cm von der Kante zusammensteppen, damit das Schrägband sich leichter anbringen lässt. (Bild 12)

13. Das Schrägband ringsum festklammern. Es wird nicht auf klassische Weise angenäht, sondern an den Seiten und in der Mitte vorgefalzt über die Kante der Klarsichtfolie gestülpt. Langsam nähen – die Naht muss Ober- und Unterseite des Schrägbands gleichzeitig fassen. Nehmen Sie sich dafür genügend Zeit. Zum Abschluss das Schrägband so weit kürzen, dass das Ende mit einem 1 cm breiten Umschlag nach innen den Anfang des Schrägbands 1 cm überlappt. Nähgarn Ton in Ton zum Schrägband auswählen. (Bild 13)

14. Zur besseren Haltbarkeit eine zweite Naht knapp an der Außenkante anbringen. (Bild 14)

14

9

10

11

12

13

Anleitung (transparentes Portemonnaie):

Anleitung (transparentes Portemonnaie):

1. Alle Teile zuschneiden. (Bild 1)

2. Die Schritte 2 bis 7 genau wie beim Portemonnaie aus Liberty-Stoff ausführen, nur **ohne das Einlegen des Liberty-Stoffs.** (Bilder 2 bis 5)

3. Das Schnittmuster mit der Mittellinie genau auf den Reißverschluss legen. Das 16 × 16 cm große Quadrat aus Folie unter die Partie mit dem Reißverschluss legen. Mit Kugelschreiber den Umriss des Schnittmusters aufzeichnen. (Bild 6 und 7)

4. Ebenso vorgehen wie in Schritt 11 des Portemonnaies aus Liberty-Stoff.

5. Pailletten in die Lagen zu beiden Seiten des Reißverschlusses geben und die Teile mit dem Teflonfuß 0,5 cm vom Rand entfernt zusammensteppen. **Dabei die Pailletten gut in der Mitte platzieren, damit sie beim Zusammennähen nicht mitgefasst werden. Das wäre zwar nicht schlimm, sieht jedoch nicht so hübsch aus.** (Bild 8)

6. Ebenso vorgehen wie in Schritt 13 und 14 des Portemonnaies aus Liberty-Stoff.

1

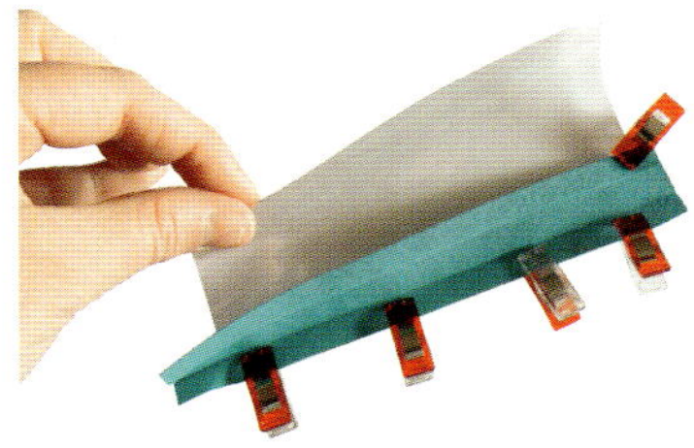

2

3

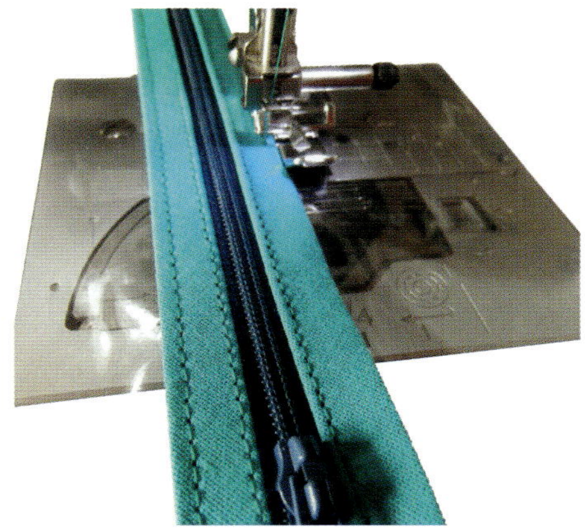

4

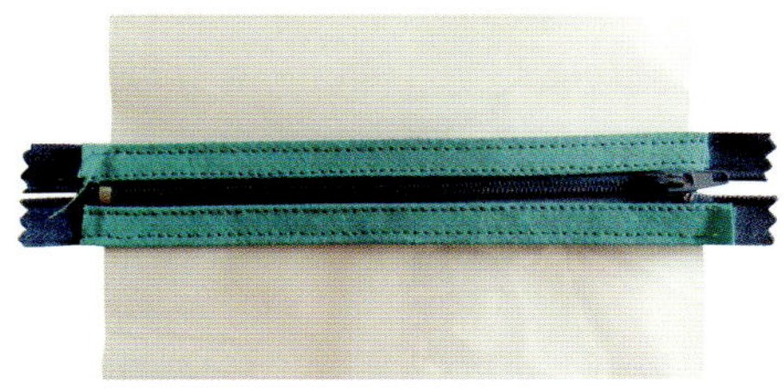

5

6

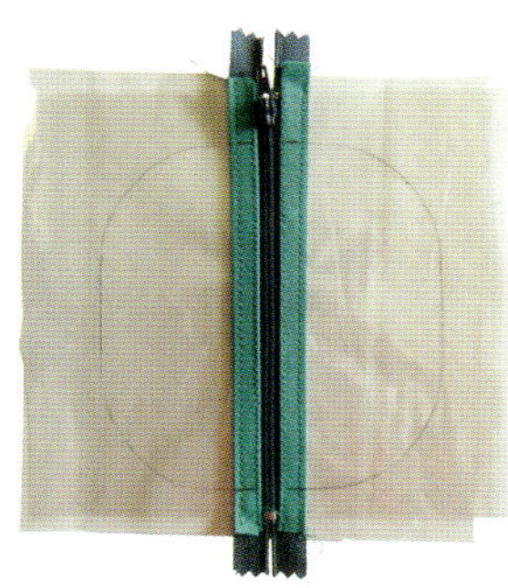

7

8

Handtäschchen Titouan der Fuchs

Handtäschchen Titouan der Fuchs

Ein Täschchen für alle, die es verspielt mögen, süß und originell. Diesen kleinen Fuchs können Sie überallhin mitnehmen …

Grösse: 28 x 20 cm von den Ohrenspitzen bis zum unteren Rand

Schwierigkeitsgrad: **

Material:
– 40 cm Wildlederimitat in Braun oder Orange als Oberstoff für die Haupttasche, die Außentasche, die Ohren und die Klappe
– 40 cm Baumwolldruck für das Futter von Tasche, Außentasche, Ohren und Klappe
– etwas braunes Leder für die Pfotenlaschen zum Verschließen der Tasche und die kleinen Schlaufen zur Befestigung des Schulterriemens
– ein kleines Stück weißes Kunstleder für den Schwanz und die Augenpartie
– ein Kunststoffdruckknopf (Snap) zum Schließen der Klappe
– zwei Knopfnieten (auch Beiltaschenknöpfe, Kopfschraubnieten, Kugelkopfnieten) mit Schraubschaft zum Schließen der Pfotenlaschen, Kopfdurchmesser ca. 5 mm
– eine Kette mit Karabinerhaken für den Schulterriemen
– ein Filzstift (Permanentmarker) für die Augen

Schnittmuster:
Nahtzugaben von 0,75 cm sind enthalten.
Bogen A, violette Linien

Folgende Teile zuschneiden:
Taschenbeutel: aus Wildlederimitat 1 x Vorder-, 1 x Rückseite und 1 x Außentasche.
Futter: aus Baumwolldruck 1 x Vorder-, 1 x Rückseite und 1 x Außentasche.
Klappe: Klappenteil je 1 x aus Wildlederimitat und Baumwolldruck.
Gesicht: Augenpartie 2x aus weißem Kunstleder.
Schwanz: 2 Schwanzteile spiegelbildlich aus weißem Kunstleder. Den Umriss eines Schwanzteils von links direkt auf das Kunstleder zeichnen und entlang der Linien ausschneiden. Das zweite Schwanzteil spiegelverkehrt dazu anfertigen.
Pfotenlaschen an der Außentasche: Pfotenteil 2x aus Leder.
Laschen für den Schulterriemen: 1 Streifen von 1 x 7 cm aus Leder.
Ohren: Das Ohrenteil 2x von links direkt auf den Baumwolldruck zeichnen, der rechts auf rechts auf dem Wildlederimitat liegt. Ohrenseiten direkt auf den Linien zusammensteppen, Unterkante offen lassen.

Anleitung:

1. Je ein Stück Baumwolldruck und Wildlederimitat rechts auf rechts aufeinanderlegen und die Ohren gemäß dem Schnittmusterbogen aufzeichnen. Direkt auf den Linien zusammensteppen, Unterkante offen lassen. (Bild 1)

2. Mit Nahtzugabe ausschneiden, Kanten mit der Zickzackschere beschneiden. Teile auf rechts wenden und bügeln. Beiseitelegen. (Bild 2)

3. Die Klappenteile aus Futterstoff und Wildlederimitat rechts auf rechts aufeinanderlegen, feststecken, rings um die Unterkante zusammennähen, Oberkante offen lassen. (Bild 3)

4. Auf rechts wenden, bügeln und entlang der Unterkante knappkantig absteppen. Die Teile der Augenpartie gemäß den Markierungen auf dem Schnittmuster auf die Vorderseite legen, mit Klammern fixieren und auf die Klappe steppen. **Einen Teflonfuß und farblich zum Futterstoff passenden Unterfaden verwenden!** (Bild 4)

5. Den Teil des Kunststoffdruckknopfs, der die Nase bilden soll, an der Schnauzenspitze anbringen. Die Ohren wie abgebildet auflegen, festklemmen und am unteren Rand der Ohren mit 0,5 cm Abstand zur Kante feststeppen. (Bild 5)

6. Oberstoff und Futter der Außentasche rechts auf rechts aufeinanderlegen. Nur an den Rundungen zusammennähen, an denen auf dem Foto die Klammern befestigt sind. (Bild 6)

7. Auf rechts wenden und bügeln, dabei die Rundungen schön herausarbeiten. (Bild 7)

1

2

3

4
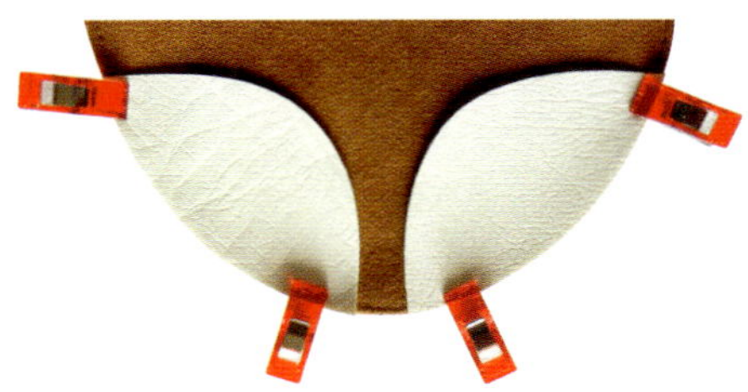

5
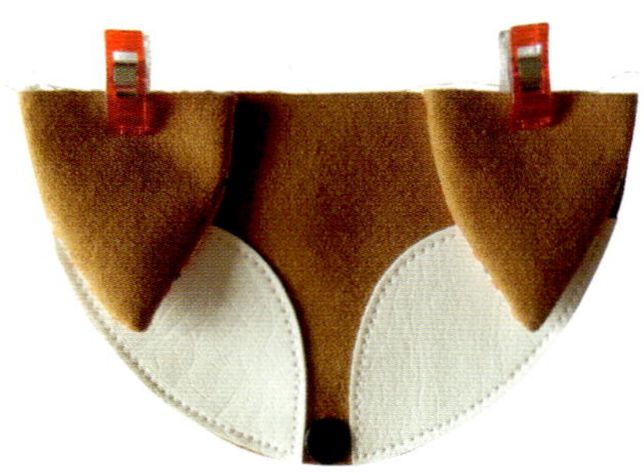

6

7
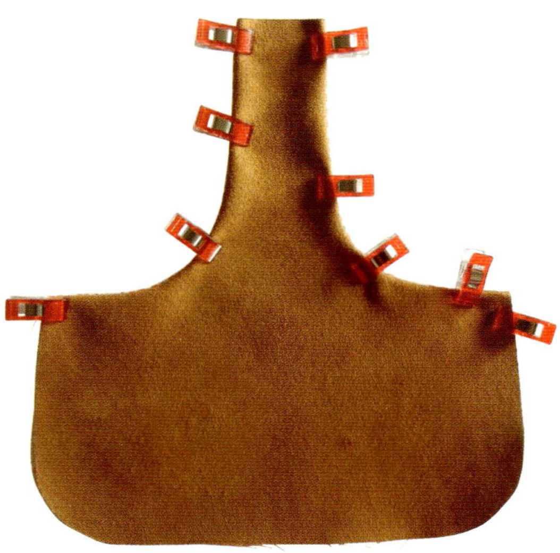

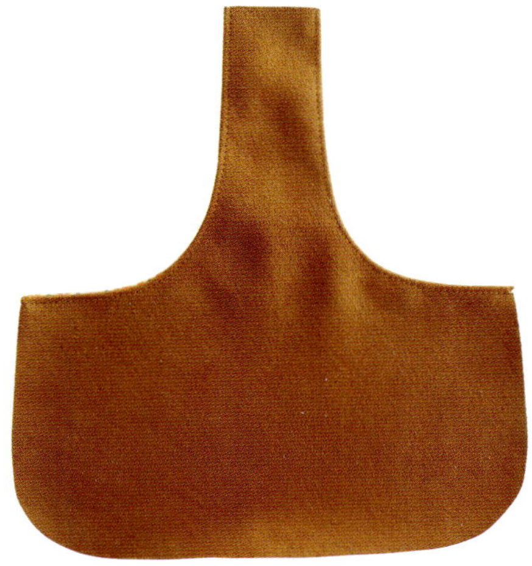

8

8. Die Rundungen der Außentasche knappkantig absteppen. (Bild 8)

9

9. Die Pfotenlaschen aus Leder vorbereiten, nach Belieben ringsum absteppen. Hierzu können Sie auch eine Kontrastfarbe verwenden. (Bild 9)

10

10. Die beiden spiegelbildlich aus Kunstleder zugeschnittenen Schwanzteile bereitlegen. (Bild 10)

11. Die Teile links auf links aufeinanderlegen, mit Klammern fixieren und ringsum zusammensteppen. Um das Nähen zu erleichtern, können Sie die Teile auch mit etwas Textilkleber zusammenheften. (Bild 11)

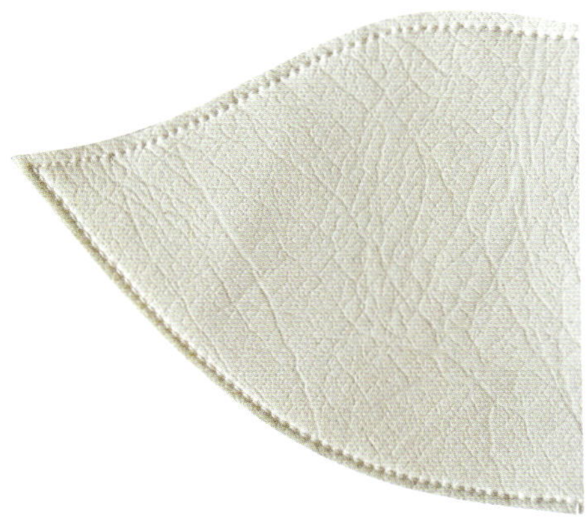

11

12. Aus Leder einen Streifen von 1 x 7 cm ausschneiden und an den Längsseiten knappkantig absteppen. In der Mitte durchschneiden, sodass zwei Streifen von 1 x 3,5 cm entstehen. Diese erneut in der Mitte falten und beiseitelegen. Ihre Schlaufen für den Schulterriemen sind fertig. (Bild 12)

13. Die Außentasche auf das Vorderteil der Tasche legen. Dann die Pfotenlaschen, die Laschen für den Schulterriemen und den Schwanz auflegen und festklemmen wie abgebildet. Zur Erleichterung des späteren Zusammennähens empfehle ich, die Teile mit 0,5 cm Abstand zur Kante anzunähen. (Bild 13)

14. Das rückwärtige Taschenteil rechts auf rechts auf das Vorderteil legen, festklemmen und an der Außenlinie feststeppen. (Bild 14)

15. Dabei die Oberkante offen lassen. (Bild 15)

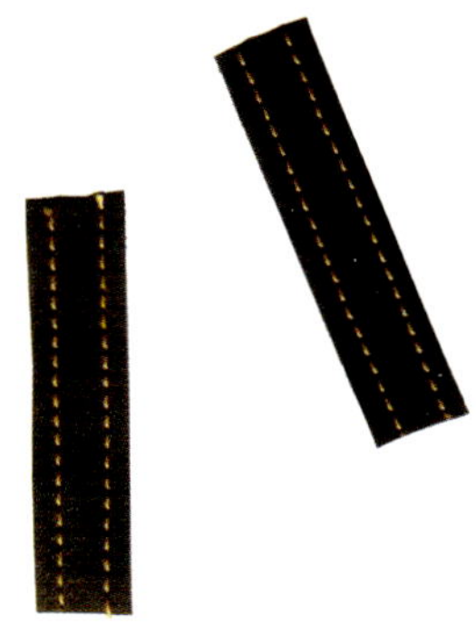

12

13

14

15

16. Das Futter von Vorder- und Rückseite rechts auf rechts zusammennähen wie den Oberstoff. **Dabei nicht vergessen, am unteren Rand eine Öffnung zum Wenden zu lassen!** (Bild 16)

16

17. Die Tasche auf links wenden und das auf rechts gewendete Futter hineinschieben. Futter und Oberstoff liegen also rechts auf rechts aufeinander. Die Klappe zwischen Oberstoff und Futter der Rückseite schieben, sodass die Vorderseite der Klappe zur rechten Seite des rückwärtigen Oberstoffs zeigt. (Bild 17)

17

18. Am oberen Rand ringsum zusammensteppen. (Bild 18)

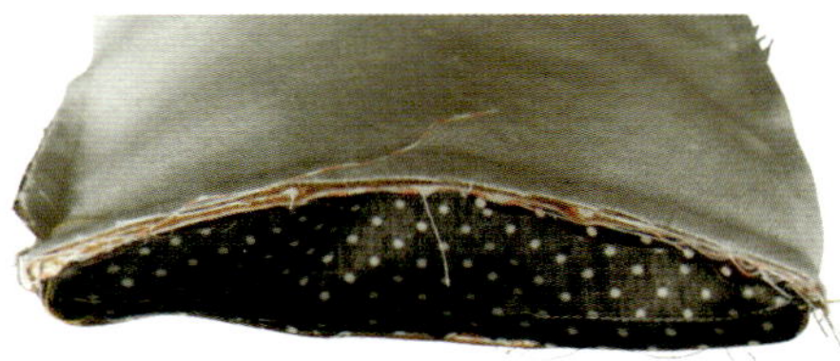

18

19. Durch die Öffnung im Futter wenden, das Futter in die Tasche schieben und die Öffnung unauffällig mit Saumstichen schließen (siehe Grundbegriffe des Nähens, S. 9). (Bild 19)

19

20. Gemäß der Markierung Löcher in die Pfotenlaschen stanzen. Mithilfe dieser Löcher die Stellen markieren, an denen die Knopfnieten auf der Außentasche befestigt werden. **Achtung, die Knopfnieten werden nur an der Außentasche angebracht, nicht am Vorderteil der Haupttasche!**

Die Knopfnieten anbringen. Einen Tropfen Kleber daraufgeben, damit die Schrauben sich nicht lösen. (Bild 20)

21. Passend zum ersten Teil des Kunststoffdruckknopfs (Nase des Fuchses) den zweiten Teil **nur an der Außentasche** befestigen. Nach Wunsch die Oberkante der Haupttasche knappkantig absteppen. (Bild 21)

22. Die Kette in den Schlaufen einhaken und die Augen gemäß der Markierung auf dem Schnittmuster mit Permanentmarker aufmalen. (Bild 22)

20

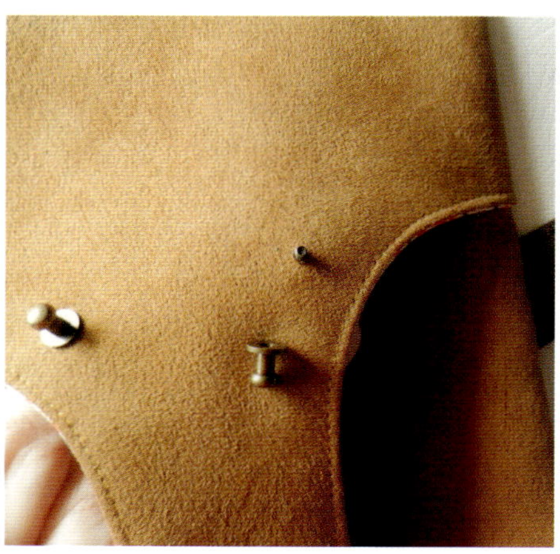

21

22

Handtäschchen zum Ausgehen

Handtäschchen zum Ausgehen

Ein hübsches, schnell genähtes Täschchen – perfekt, um abends spontan auszugehen. Für alle verzweifelten Mädels, die keine passende Tasche in ihrer Garderobe haben und die einen Abend lang mit einem Täschchen voll Chic und Glamour glänzen wollen.

Grösse: 20 × 24 cm

Schwierigkeitsgrad: *

Material:
– 30 cm Jeansstoff oder Kunstleder für den Taschenbeutel und die Klappe
– 30 cm Baumwolldruck für die Klappe und das Taschenfutter
– 30 cm Vlieseline H250 zum Aufbügeln für das Futter von Tasche und Klappe
– ein Stück Baumwolldruck 80 × 20 cm (B × H) für die Schulterriemen
– ein Stück Leder für die Verschlusslasche
– eine Knopfniete (auch Beiltaschenknopf, Kopfschraubniete) mit Schraubschaft zum Schließen der Lasche, Kopfdurchmesser ca. 5 mm
– eine große ovale Öse für die Lasche. Falls Sie keine solche bekommen, verwenden Sie die gelochte Partie eines Drehverschlusses für Taschen (z. B. von Prym) und passen Sie die Breite der Lasche entsprechend an.

Für das Modell mit der Paspelierung und der Sternapplikation benötigen Sie zusätzlich 55 cm Paspel und ein kleines Stück beschichteten Liberty-Stoff.

Schnittmuster:
Nahtzugaben von 0,75 cm sind enthalten.
Bogen D, schwarze Linien

Folgende Maße auf den Stoff übertragen und die Teile zuschneiden:
Klappe: je 1 × aus Jeansstoff, Vlieseline und Baumwolldruck.
Oberstoff Tasche: 1 × Vorder- und 1 × Rückseite aus Jeansstoff.
Futter: je 1 × Vorder- und 1 × Rückseite aus Baumwolldruck und Vlieseline.
Verschlusslasche: 1 × aus Leder.
Schulterriemen: 2 Rechtecke à 80 × 10 cm aus Baumwolldruck.

Anleitung:

1. Das Klappenteil aus Baumwolldruck mit der Vlieseline verstärken und rechts auf rechts auf das Klappenfutter aus Jeansstoff legen. (Bild 1)

2. Feststecken und bis auf den oberen Rand ringsum zusammensteppen, Rundungen der Nahtzugaben einkerben. (Bild 2)

3. Auf rechts wenden, bügeln und die zusammengenähte Kante absteppen. Die flache Seite (Unterseite) der ovalen Öse gemäß der Markierung auf dem Schnittmuster mittig auf die Klappe legen und die **innere Kontur** mit einem Stift aufzeichnen. (Bild 3)

4. Mit einer kleinen Schere entlang der aufgezeichneten Kontur ausschneiden. (Bild 4)

5. Das zweite (erhabene) Teil der Öse in das ausgeschnittene Loch schieben. (Bild 5)

6. Die Klappe umdrehen, sodass die Jeansseite oben liegt, und das zum Aufzeichnen der Kontur verwendete Unterteil der Öse auf das erhabene Teil legen. (Bild 6)

7. Die kleinen Zacken umbiegen, um die Öse zu befestigen. Die Klappe beiseitelegen. (Bild 7)

8. Die Lederlasche nach Belieben ringsherum absteppen. (Bild 8)

9. Die Lasche rechts auf rechts an den unteren Rand des Taschenvorderteils aus Jeansstoff legen und 0,5 cm von der Kante entfernt feststeppen. (Bild 9)

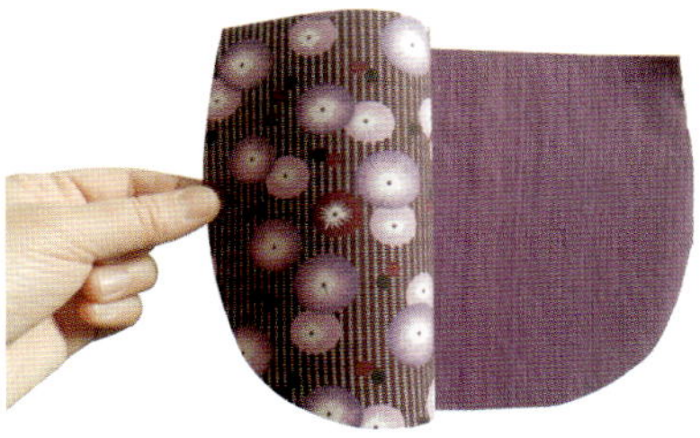
1

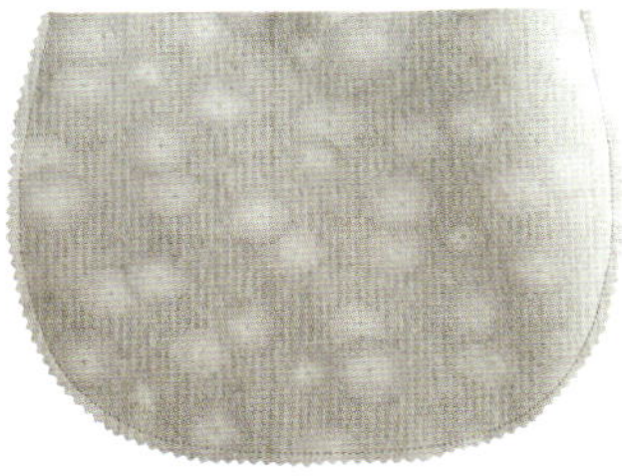
2

3

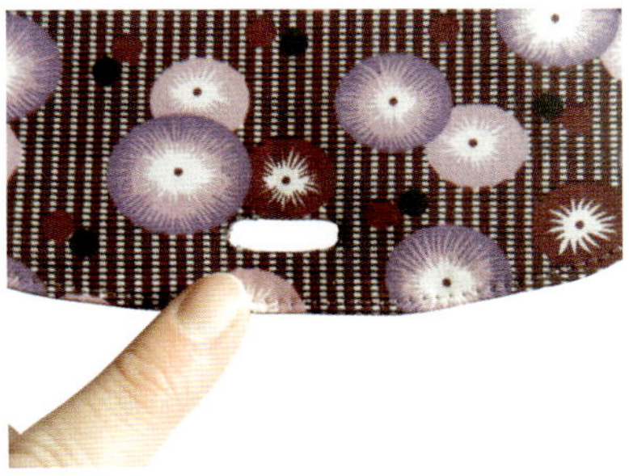
4

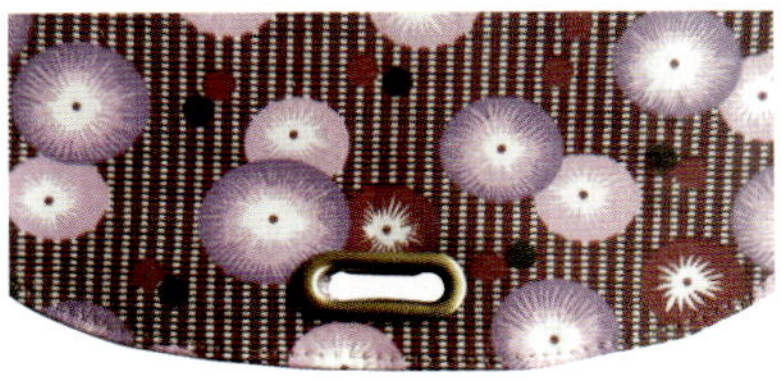
5

6

7

8

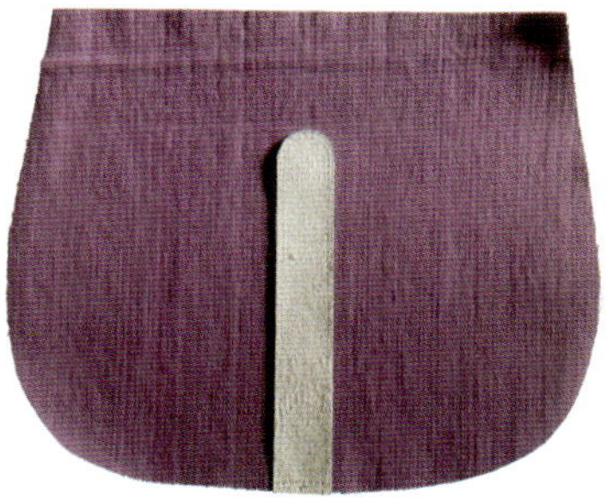
9

10. Das Vorderteil rechts auf rechts auf die Taschenrückseite aus Jeansstoff legen. Bis auf den oberen Rand ringsum zusammensteppen. Rundungen der Nahtzugaben einkerben. (Bild 10)

11. Das Baumwollfutter von links mit der Bügeleinlage verstärken. Alle Futterteile rechts auf rechts ebenso zusammennähen wie den Oberstoff; dabei am unteren Rand eine Öffnung zum Wenden lassen. (Bild 11)

12. Die beiden Streifen von 80 x 10 cm für die Schulterriemen an den Schmalseiten jeweils 1 cm nach innen einschlagen. Längsseiten zur Mitte umfalzen, die Streifen nochmals längs falten wie ein Schrägband. Ringsum zusammensteppen. Es entstehen zwei vierlagige Streifen von 78 x 2,5 cm. Beiseitelegen. (Bild 12)

13. Den Taschenbeutel aus Jeansstoff auf links wenden. Dank der Lederlasche können Sie Vorder- und Rückseite gut unterscheiden.

Ein Tipp: Vor dem Zusammennähen können Sie den rückwärtigen Taschenbeutel aus Jeansstoff am oberen Rand mit einer Stecknadel kennzeichnen. Vergessen Sie nicht, die Nadel später wieder zu entfernen!

Die Schulterriemen auf der rechten Seite des rückwärtigen Taschenbeutels an den Enden des oberen Randes auflegen und feststecken oder -klammern. Das auf rechts gewendete Futter in den Taschenbeutel schieben, sodass Oberstoff und Futter rechts auf rechts liegen. Die Taschenklappe zwischen rückwärtigen Taschenbeutel und Futter schieben. Die Vorderseite der Klappe (bedruckte Seite) muss zur rechten Seite des Taschenrückens zeigen. (Bild 13)

14. Am oberen Rand ringsum feststecken oder -klammern. (Bild 14)

10

11

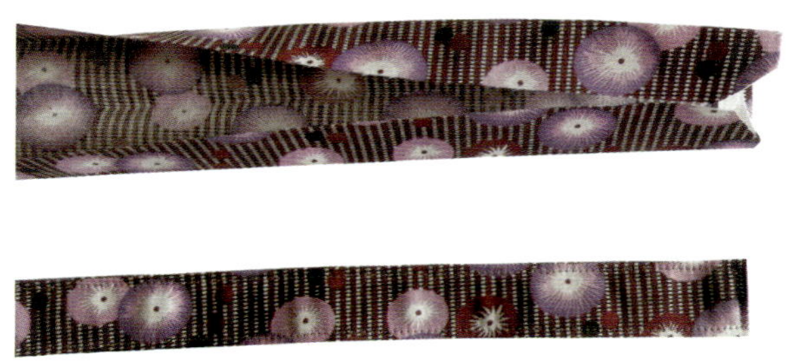
12

13

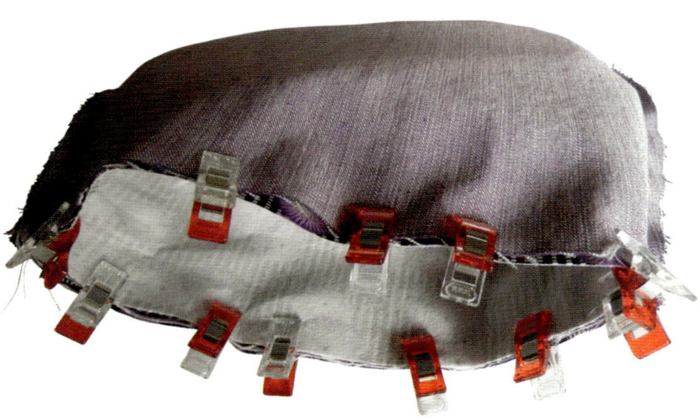
14

15. Am oberen Rand ringsum zusammensteppen. Die Tasche durch die im Futter gelassene Öffnung wenden. Das Futter wieder in die Tasche schieben und die Öffnung unauffällig mit Saumstichen schließen (siehe Grundbegriffe des Nähens, S. 9). (Bild 15)

16. Mit einer Lochzange gemäß den Markierungen zwei Löcher in die Lederlasche stanzen. (Bild 16)

17. Ein weiteres Loch für die Knopfniete in das Leder stanzen und die Knopfniete anbringen. Ich empfehle Ihnen, ein Tröpfchen Klebstoff auf das Gewinde zu geben, damit der Knopf sich nicht lockert. Fertig ist Ihre Tasche! (Bild 17)

15

16

17

Variante mit Paspelierung und Sternapplikation:

1. Den beschichteten Stoff von links mit der Vlieseline verstärken und den Umriss des Sternes von links direkt auf die Vlieseline übertragen. Entlang der Linie ausschneiden und mithilfe der Markierungen auf dem Schnittmuster auf die Taschenklappe legen. Mit wieder ablösbarem Klebeband fixieren; dieses beim Aufnähen nach und nach entfernen. **Einen Teflonfuß verwenden!**
55 cm Paspel von rechts auf die Klappe legen und festklemmen. Mit dem speziellen Paspelfuß oder dem Reißverschlussfuß auf der Naht der Paspel aufsteppen. (Bild 1)

2. Das Futter rechts auf rechts auf die Klappe legen, festklemmen und genau **auf der ersten Paspelnaht aufsteppen**. (Bild 2)

3. Zur Fertigstellung der Tasche die Arbeitsschritte 3 bis 17 ausführen wie oben beschrieben. (Bild 3)

1

2

3

Multitäschchen für Krimskrams

Multitäschchen für Krimskrams

Eine XXL-Brieftasche, die man in die Handtasche stecken oder über der Schulter tragen kann.

Wenn Sie zum Verschließen keine Sicherheitsnadel verwenden möchten, können Sie stattdessen einen großen Knopf annähen, um den Sie das Schrägband wickeln.
Sie können auch in Schritt 2 in der Mitte der anderen Schmalseite von Teil A ein zweites 25 cm langes Schrägband anbringen. Platzieren Sie es wie das erste Schrägband; es wird in Schritt 27 mit festgenäht.
Zum Verschließen der Tasche brauchen Sie nur die beiden Bänder zu verknoten.

GRÖSSE:
Gefaltet: 22 x 15 cm
Geöffnet: 22 x 45 cm

SCHWIERIGKEITSGRAD: *

MATERIAL:
– 30 cm Jeansstoff oder Wildlederimitat als Oberstoff
– 30 cm Popeline als Futter
– 30 cm Volumenvlies zum Aufbügeln für das Futter (oder Vlieseline H250 zum Aufbügeln)
– ein kleines Stück Bügeleinlage für die Baumwollvierecke an den Reißverschlussenden
– 2 x 25 cm gepunktetes Schrägband für die transparente Innentasche und die Innentasche mit Kartenfächern
– ein kleines Stück Klarsichtfolie/transparentes Wachstuch für die Innentasche
– einige Pailletten für die transparente Innentasche (Bastel- oder Dekobedarf für Feste/Geburtstage)
– 50 cm diverse Baumwolldrucke für die Innentasche mit Kartenfächern und die Reißverschlusstasche
– ein Reißverschluss von 20 cm Länge für die Innentasche
– 25 cm Schrägband für den Taschenverschluss
– eine Sicherheitsnadel (Standard oder groß)
– ein Stückchen beschichteter Stoff für die Sternapplikation
– 12 cm Schrägband für die seitlichen Laschen zur Befestigung der Kette
– eine Kette mit Karabinerhaken

SCHNITTMUSTER:
Nahtzugaben von 0,75 cm sind enthalten.
Bogen C, braune Linien

Bei diesem Modell gebe ich die Maße an und zeige auf dem Schnittmusterbogen genau, wo die Applikation und die Innentaschen platziert werden.
Die Außentasche besteht aus 2 Teilen, die A und B genannt werden. Das Schrägband zum Verschließen der Tasche wird beim Zusammennähen von A und B mit befestigt.

Folgende Maße auf den Stoff übertragen und die Teile zuschneiden:
Außentasche: 1 Rechteck A von 24 x 33 cm (B x H) und 1 Rechteck B von 24 x 16 cm (B x H).
Futter: je 1 Rechteck von 24 x 47 cm aus Popeline und Volumenvlies.
Transparente Innentasche: 1 Rechteck von 24 x 28 cm aus Klarsichtfolie/transparentem Wachstuch.
Mittlere Innentasche: 1 Rechteck von 24 x 30 cm (B x H) aus Baumwolldruck.
Kartenfächer: 1 Rechteck von 24 x 14 cm (B x H) aus Baumwolldruck.
Innentasche mit Reißverschluss: 1 Rechteck von 24 x 42 cm (B x H) und 1 Rechteck von 24 x 13 cm (B x H) aus Baumwolldruck.
Stern: Den beschichteten Stoff von links mit der Vlieseline verstärken und den Umriss des Sternes von links direkt auf die Vlieseline übertragen. Entlang der Linie ausschneiden.

Anleitung:

1. Mithilfe der Markierung auf dem Schnittmusterbogen den Stern aus beschichtetem Stoff auf das Taschenteil A aus Jeansstoff nähen. Um Löcher durch Heften zu vermeiden, den Stern dazu mit wieder ablösbarem Klebeband fixieren, das Sie beim Nähen nach und nach entfernen. **Den Teflonfuß verwenden!** (Bild 1)

2. Das Schrägband für den Verschluss an einer Schmalseite (der Seite, die nicht in der Verbindungsnaht der Teile A und B mitgefasst wird) 1 cm nach innen umschlagen. Band längs doppelt falzen (Längsseiten zur Mitte, dann nochmals längs falten). Ringsum absteppen, in der Mitte der Schmalseite von Teil A (gegenüber dem Stern) festklammern. (Bild 2)

3. Das Taschenteil B aus Jeansstoff rechts auf rechts auf Teil A legen. An der Schmalseite von Teil A mit 1 cm Abstand zur Kante zusammensteppen. Das Schrägband wird in dieser Naht mitgefasst. (Bild 3)

4. Es entsteht ein Rechteck von 24 x 47 cm. Ausbügeln, beiseitelegen. (Bild 4)

5. Das 24 x 28 cm große Rechteck aus Klarsichtfolie der Breite nach falten. Es entsteht ein Rechteck von 24 x 14 cm. Das Schrägband am Umbruch befestigen. Es wird nicht auf klassische Weise angenäht, sondern fertig gefalzt über den Umbruch gestülpt und 0,2 cm von der Kante, die zur Folie zeigt, aufgesteppt. Pailletten zwischen die Folienlagen streuen. Beiseitelegen. (Bild 5)

6. Die Baumwollrechtecke von 24 x 30 cm und 24 x 14 cm für Innentasche und Kartenfächer links auf links falten – ersteres der Breite nach, letzteres der Länge nach. Es entsteht ein Rechteck von 24 x 15 cm und ein Rechteck von 24 x 7 cm. Am Umbruch knappkantig absteppen. (Bild 6)

1

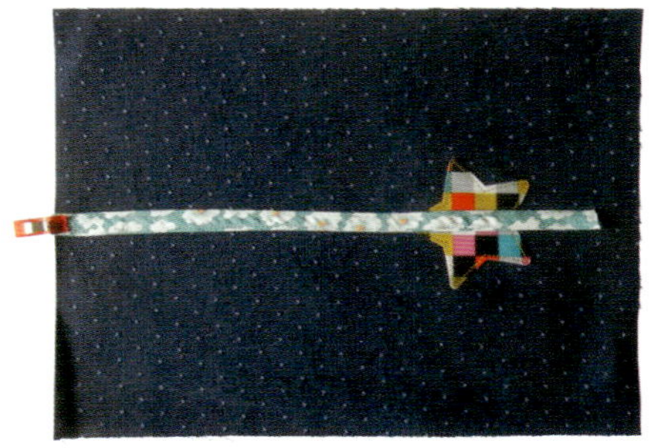
2

3

4

5

6

Das Rechteck von 24 x 7 cm auf das Rechteck von 24 x 15 cm legen, sodass die unteren Kanten sich genau decken. Gemäß den Markierungen auf dem Schnittmuster mit auswaschbarem Stift die Linien aufzeichnen. (Bild 7)

8. Die beiden Linien rechts und links der Mittellinie absteppen.

Die Mittellinie nicht absteppen! (Bild 8)

9. Das Schrägband mit der klassischen Technik (siehe Grundbegriffe des Nähens, S. 9) am unteren Rand anbringen; im näher an der Kante gelegenen Falz aufsteppen und umschlagen. Den Umschlag jedoch nicht aufsteppen, sondern festklammern. Er wird zusammen mit dem Futter in Schritt 12 festgenäht. (Bild 9)

10. Das Popelinefutter von links mit dem Volumenvlies zum Aufbügeln verstärken und das Teil für Innentasche und Kartenfächer gemäß den Markierungen auf dem Schnittmuster darauflegen. Ich empfehle Ihnen, die Seiten abzustecken, damit die Teile beim Nähen der Mittelnaht nicht verrutschen. (Bild 10)

11. Das Innentaschenteil auf der Mittellinie auf das Futter steppen. Die Naht beginnt am oberen Rand der Tasche und endet auf den Kartenfächern **knapp vor dem Schrägband.** (Bild 11)

12. Das Schrägband auf das Futter steppen. Mit dieser Naht wird auch der Umschlag befestigt. (Bild 12)

7

8

9

10

12

11

13. Die zwei kleinen Stoffstücke von 3×6 cm von links mit Bügeleinlage verstärken, damit sie nicht ausfransen. Beide links auf links in der Mitte falten, sodass zwei Quadrate à 3×3 cm entstehen. (Bild 13)

14. Die beiden Quadrate mit dem Umbruch zu den Zähnchen auf die Enden des Reißverschlusses nähen. (Bild 14)

15. Das Rechteck von 24×13 cm für die Innentasche mit Reißverschluss der Länge nach links auf links falten, sodass ein Rechteck von 24×6,5 cm entsteht. Bügeln. (Bild 15)

16. Dieses gefaltete Rechteck mit dem Umbruch zu den Zähnchen auf das Reißverschlussband stecken. (Bild 16)

17. Knapp an der Umbruchkante auf das Reißverschlussband steppen. Dazu den Reißverschlussfuß verwenden. (Bild 17)

18. Das ebenfalls für die Reißverschlussinnentasche bestimmte Rechteck von 24×2 cm der Breite nach links auf links falten, sodass ein Rechteck von 24×21 cm entsteht. (Bild 18)

19. Dieses gefaltete Rechteck mit dem Umbruch zu den Zähnchen auf das andere Reißverschlussband stecken. Schritt 17 wiederholen. (Bild 19)

20. Die überstehenden Kanten der kleinen Quadrate an den Enden des Reißverschlusses abschneiden. (Bild 20)

13

14

15

16

17

18

19

20

21. Das gesamte Teil, das den Reißverschluss enthält, so falten, dass die Schmalseiten kantenbündig liegen (Reißverschluss liegt oben). Bügeln und an den Seiten feststecken, damit der Stoff beim Nähen nicht verrutscht. (Bild 21)

21

22. Knapp an der Umbruchkante absteppen. (Bild 22)

22

23. Die Reißverschlusstasche glatt bügeln. Sie muss 24 x 14 cm groß sein. (Bild 23)

23

24. Die Reißverschlusstasche und die Klarsichtinnentasche gemäß den Markierungen auf dem Schnittmuster auf das Futter legen. Am äußeren Rand 0,5 cm von der Kante feststeppen, um das spätere Zusammennähen zu erleichtern. (Bild 24)

24

25. Das 12 cm lange Schrägband für die Schlaufen längs doppelt falten und an der Seite gegenüber dem Umbruch zusammensteppen. Durchschneider, sodass zwei 6 cm lange Stücke entstehen. Diese zur Schlaufe falten. (Bild 25)

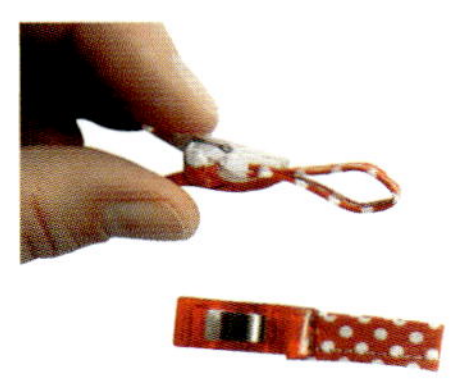

25

26. Die Schlaufen gemäß den Markierungen auf dem Schnittmuster anbringen und 0,5 cm von der Kante feststeppen, um das spätere Zusammennähen zu erleichtern. (Bild 26)

26

27. Den Oberstoff der Tasche rechts auf rechts auf das Futterteil mit den Innentaschen legen. Ringsum 0,75 cm vom Rand zusammensteppen.

An einer Seite 20 cm zum Wenden offen lassen! (Bild 27)

28. Wenden, die Kanten der Öffnung 0,75 cm nach innen einschlagen, die Öffnung mit Saumstichen schließen (siehe Grundbegriffe des Nähens, S. 9). (Bild 28)

29. Sicherheitsnadel und Kette anbringen. (Bild 29)

27

28

29

Hübsche Taschen bunt gemixt

Taschen aller Art! Ob Einkaufstasche oder Täschchen im Retrostil – wählen Sie die Tasche, die zu Ihnen passt und die Sie einmalig macht.

Schultertasche Eulalie

Schultertasche Eulalie

Eine hübsche Schultertasche für die flotte Städterin.

GRÖSSE: 23 x 27 cm

SCHWIERIGKEITSGRAD: *

MATERIAL:
- 30 cm **weiches** Kunstleder für Taschenoberstoff und Klappe
- 30 cm Liberty-Stoff für Futter und Klappe
- 30 cm Bügeleinlage (Typ H250) für Futter und Klappe
- ein kleines Stück Leder (12 x 10 cm) für Verschlusslasche und Ringschlaufen
- eine Knopfniete, Knopfdurchmesser ca. 5 mm
- 2 rechteckige Ringe (Vierkantringe), 30 x 10 mm
- Baumwolldruck in 140 cm Breite für den Schulterriemen
- eine Verstellschnalle zum Schieben für den Schulterriemen
- 3 Kunststoffdruckknöpfe (Snaps) für den Schulterriemen

SCHNITTMUSTER:
Nahtzugaben von 0,75 cm sind enthalten..
Bogen D, rote Linien

Achtung, bei diesem Modell werden das Außenteil der Klappe (mit Vlieseline verstärkter Liberty-Stoff) und das Klappenfutter (Kunstleder) spiegelverkehrt zugeschnitten! Beachten Sie dies beim Übertragen der Schnittteile auf den Stoff!

Klappe: je 1x aus Liberty-Stoff und Bügeleinlage. Spiegelverkehrt 1x aus Kunstleder.

Oberstoff Tasche: 1x Vorder- und 1x Rückseite aus Kunstleder.

Futter: 1x Vorder- und 1x Rückseite aus Liberty-Stoff **und** Bügeleinlage.

Verschlusslasche: 1x aus Leder.

Schlaufen für die Ringe: 2 Schlaufen à 7 x 3 cm aus Leder.

Schulterriemen: 1 Streifen von 12 x 140 cm aus Baumwolldruck.

Info:

Falls Sie keinen 140 cm breiten Stoff für den Schulterriemen haben, nehmen Sie 2 Streifen à 12 x 71 cm und nähen Sie diese an den Enden rechts auf rechts zusammen.

Anleitung:

1. Das Klappenteil aus Liberty-Stoff von links mit der Bügeleinlage verstärken. Es ist **spiegelverkehrt** zum Klappenfutter aus Kunstleder. (Bild 1)

2. Klappenoberstoff und -futter rechts auf rechts aufeinanderlegen, feststecken und außen bis auf den oberen Rand zusammensteppen. (Bild 2)

3. Auf rechts wenden, von der **Liberty-Seite** ausbügeln und im Abstand von 0,3 cm von der Kante absteppen. Beiseitelegen. (Bild 3)

4. Die 7 × 3 cm großen Lederschlaufen für die Ringe jeweils an den Längsseiten abstep-pen. Diese Steppnaht ist nicht notwendig, sie ist nur eine Ziernaht. Jede Schlaufe durch einen Ring ziehen, in der Mitte falten, die Enden grob zusammensteppen. (Bild 4)

5. Die Schlaufen mit den Ringen wie abgebildet am rückwärtigen Taschenteil befesti-gen. 0,5 cm vom Rand feststeppen, um das spätere Zusammennähen zu erleichtern. Die Schlaufen sitzen jeweils im Abstand von 1,5 cm von den Außenkanten. (Bild 5)

6. Die Verschlusslasche ringsum absteppen. Auch diese Naht ist rein dekorativ – für einen hübschen Kontrast können Sie Nähgarn in einer anderen Farbe verwenden. (Bild 6)

7. Die Verschlusslasche auflegen gemäß der Markierung auf dem Schnittmuster und 0,5 cm vom Rand feststeppen, um das spätere Zusammennähen zu erleichtern. (Bild 7)

1

2

3

4
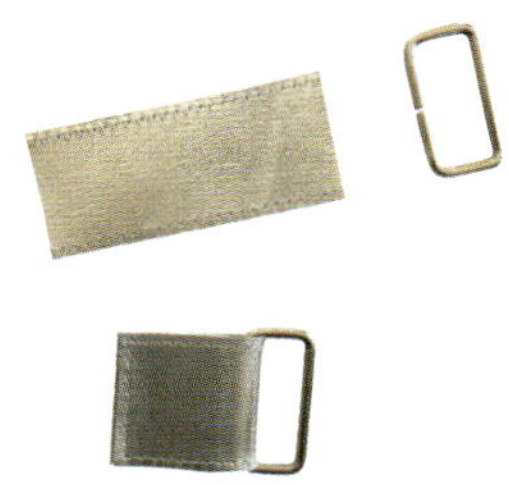

5

6

7
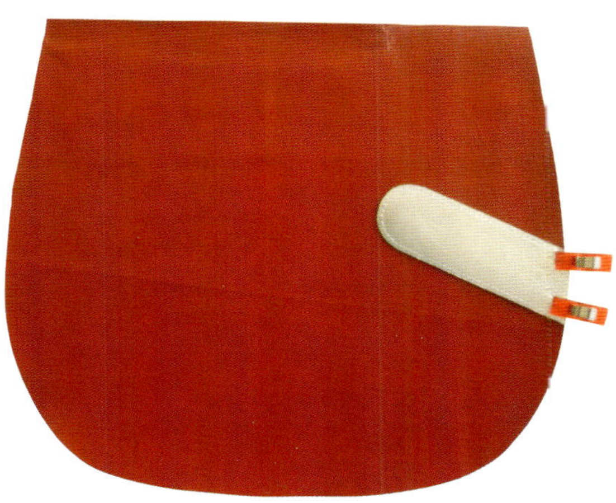

8. Vorder- und Rückseite der Tasche rechts auf rechts aufeinanderlegen. Außen bis auf den oberen Rand zusammensteppen.

Rundungen der Nahtzugaben einkerben. (Bild 8)

8

9. Die Futterteile aus Liberty-Stoff von links mit Bügeleinlage verstärken, dann rechts auf rechts zusammennähen wie den Oberstoff (Oberkante offen lassen), jedoch am unteren Rand eine Öffnung zum Wenden lassen. (Bild 9)

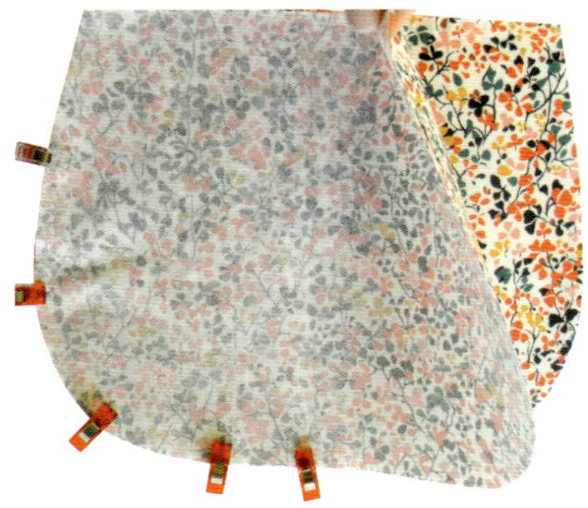

9

10. Die Klappe in den auf links gewendeten Taschenbeutel schieben. Die Liberty-Seite der Klappe zeigt zum rückwärtigen Taschenteil mit den Vierkantringen. (Bild 10)

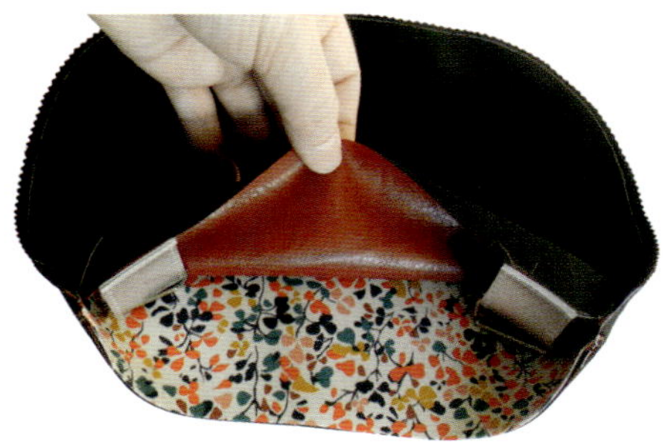

10

11. Das Futter aus Liberty-Stoff auf rechts wenden. (Bild 11)

11

12. Das Futter in den Taschenbeutel schieben. Die rechte Seite des Futters zeigt zur rechten Seite des Oberstoffs. (Bild 12)

13. Oberstoff, Futter und Klappe am oberen Rand ringsum mit Klammern fixieren und zusammensteppen. Die Nähte über den Lederschlaufen mit den Ringen verstärken (mehrfach nähen). (Bild 13)

14. Die Tasche durch die im Futter gelassene Öffnung auf rechts wenden. Die Öffnung unauffällig mit Saumstichen schließen (siehe Grundbegriffe des Nähens, S. 9) und das Futter wieder in die Tasche schieben. Nach Wunsch können Sie das Vorderteil am oberen Rand knappkantig absteppen. (Bild 14)

12

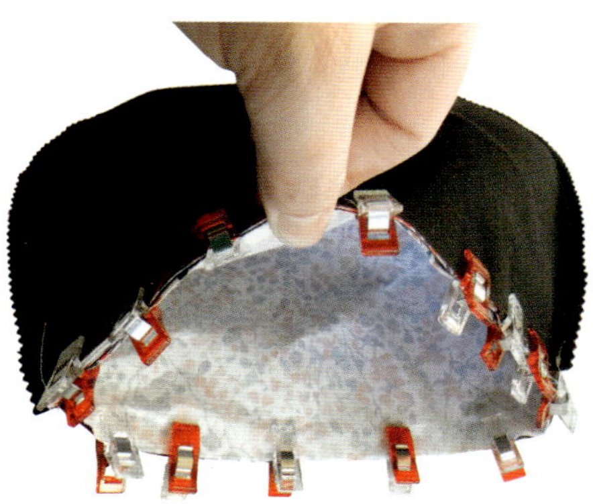

13

14

15. Mit einer Lochzange gemäß der Markierung auf dem Schnittmuster ein Loch in die Klappe stanzen und die Knopfniete anbringen. Mein Tipp: Fixieren Sie diese mit etwas Kleber, damit sie sich nicht löst. (Bild 15)

16. In die Lederlasche ebenfalls ein Loch stanzen. (Bild 16)

17. Das Loch muss etwas kleiner sein als der Kopf der Knopfniete. Durch den Gebrauch dehnt sich das Leder, sodass das Loch etwas größer wird. (Bild 17)

18. Den Streifen von 12 x 140 cm an den Schmalseiten je 1 cm nach innen einschlagen; die Längsseiten zur Mitte umfalzen wie ein Schrägband. Dann nochmals längs in der Mitte falten. Es entsteht ein vierlagiger Streifen von 3 x 138 cm. Falls Sie keinen 140 cm breiten Stoff haben, nehmen Sie zwei Streifen à 12 x 71 cm, die Sie an den Enden zusammensteppen. (Bild 18)

19. Ein Ende des Schulterriemens durch die Verstellschnalle und einen der Ringe ziehen wie abgebildet. (Bild 19)

20. Das Ende des Streifens unterhalb der Verstellschnalle festnähen wie abgebildet. (Bild 20)

21. Die Kunststoffdruckknöpfe in gleichmäßigem Abstand so anbringen, dass der Schulterriemen auch hier in der Länge verstellbar wird. (Bild 21)

Info:

Sie können auch zuerst das Loch in die Lederlasche stanzen und anhand dessen die Markierung für das Loch in der Klappe anbringen, das Sie anschließend stanzen. Ganz wie Sie möchten.

15

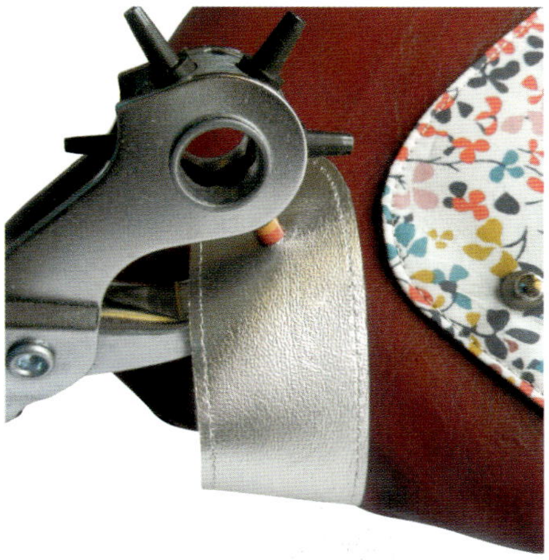
16

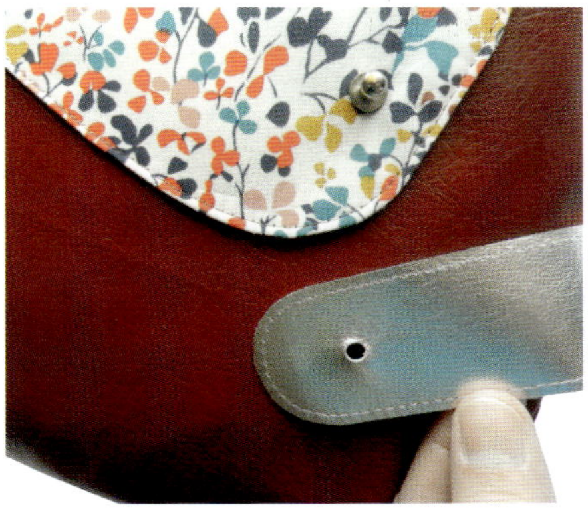
17

18

19

20

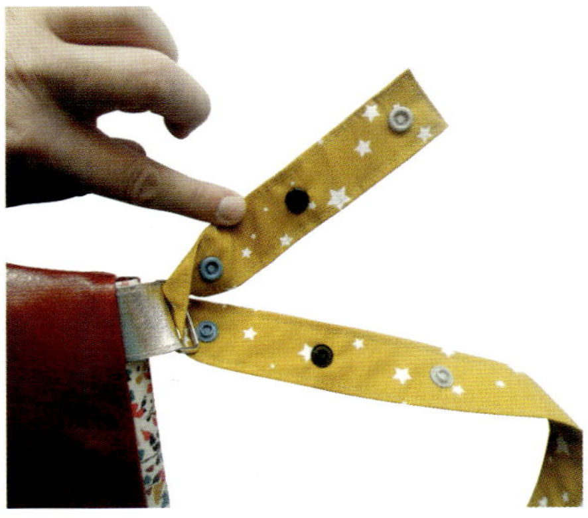
21

Beuteltasche Solveig

Eine kleine Beuteltasche, die schick und trendy ist. Dazu können Sie das passende Innenleben nähen: einen Taschenorganizer, der genau in dieses Modell passt. Die Anleitung dazu finden Sie auf S. 70ff. („Taschenorganizer").

Beuteltasche Solveig

Dieses Modell wird aus Alcantara genäht. Optisch und durch seinen samtigen Griff ähnelt Alcantara dem Wildleder; es wird oft als Polsterstoff verwendet und franst nicht aus. Taschen aus diesem Stoff sehen einfach gut aus. Statt Alcantara können Sie jedoch ebenso gut ein Wildlederimitat (Polsterstoff) verwenden.

Grösse: 28 x 25 cm

Schwierigkeitsgrad: **

Material:

– 60 cm Alcantara oder etwas dickeres Wildlederimitat als Oberstoff für Taschenbeutel, Vordertasche, Seitentaschen, Schulterriemen, Bänder zum Zuschnüren und die 4 Quasten. Falls Sie Wildlederimitat verwenden – aus diesem sind bereits fertige Bänder im Handel erhältlich
– 60 cm Baumwolldruck für Futter, Vordertasche, Seitentaschen, Schulterriemen und die Befestigungsschlaufen für die Ringe
– ein kleines Stück Leder für die Laschen der Seitentaschen
– 2 x 25 cm Paspelband für die Vordertasche
– 2 Knopfnieten (Kopfdurchmesser ca. 5 mm) mit Schraubschaft zum Schließen der Laschen
– 2 rechteckige Ringe (Vierkantringe) für den Schulterriemen
– etwas Bügeleinlage (Typ H250) für die Schlaufen zur Befestigung der Vierkantringe
– 12 Ösen von 11 mm (Werkzeug zum Montieren liegt bei, Sie benötigen jedoch einen Hammer)
– etwas Textilkleber zur Befestigung der Quasten
– eine Verstellschnalle von 40 x 14 mm zum Verstellen des Schulterriemens
– Falls Sie den Taschenorganizer in der Tasche anbringen möchten, benötigen Sie beim Anbringen des Futters die Socket-Hälftee von 6 Kunststoffdruckknöpfen (Snaps)

Schnittmuster:

Nahtzugaben von 1 cm sind enthalten.
Bogen D, braune Linien

Für dieses Modell enthält der Schnittmusterbogen nur die Laschen und die Vordertasche. Für alle anderen Teile die unten angegebenen Maße verwenden; angegeben sind jeweils Höhe x Breite (H x B).

Aus Alcantara oder Wildlederimitat: 2 Rechtecke à 30 x 27,5 cm für Vorder- und Rückseite des Taschenbeutels, 1 Rechteck von 19 x 27,5 cm für den Taschenboden, 4 Rechtecke à 16 x 19 cm für die Seiten, 2 Rechtecke von 15 x 19 cm für die Seitentaschen und 1x die Vordertasche (Schnittmuster).

Aus Baumwolldruck: 2 Rechtecke à 30 x 27,5 cm für Vorder- und Rückseite des Futters, 1 Rechteck von 19 x 27,5 cm für den Boden des Futters, 2 Rechtecke à 30 x 19 cm für die Seiten des Futters, 2 Rechtecke à 18 x 19 cm für das Futter der Seitentaschen und 1x Schnittmusterteil Vordertasche für das Futter der Vordertasche.

Schlaufen für die Vierkantringe: aus Baumwolldruck und Bügeleinlage je 1 Rechteck von 16 x 12 cm.

Aus Leder: 2x Laschen.

Bindeband zum Verschließen: aus 2 Alcantarabändchen à 1,5 x 42 cm oder eine 84 cm lange Paspel aus Wildlederimitat, die Sie in 2 gleiche Teile schneiden.

Quasten: aus Alcantara oder Wildlederimitat 4 Rechtecke à 7 x 13 cm.

Schulterriemen: aus Alcantara und Baumwolldruck je 1 Streifen von 6 x 110 cm.

Anleitung:

1. Das Paspelband von rechts an die Rundungen der Vordertasche legen und mit dem Paspelfuß aufsteppen. (Bild 1)

2. Das Futter der Vordertasche rechts auf rechts auf den Oberstoff mit der Paspel legen. **Auf der ersten Paspelnaht feststeppen.** (Bild 2)

3. Auf rechts wenden und bügeln. Alcantarastoff an den Rundungen mit der Paspel knappkantig absteppen. (Bild 3)

4. Die Vordertasche ist fertig. Beiseitelegen. (Bild 4)

5. Eines der Seitentaschenteile aus Alcantara (H×B = 15×19 cm) und ein dazugehöriges Futterteil aus Baumwolldruck (H×B = 18×19 cm) nehmen. Das Futter am oberen Rand erst 1 cm, dann nochmals 2 cm nach innen einschlagen. Das Taschenteil aus Alcantara so unter den Umschlag schieben, dass Oberstoff und Futter links auf links liegen. Den Umschlag von 2 cm an beiden Längsseiten knappkantig aufsteppen. (Bild 5)

6. Eine der Lederlaschen ringsum in einer Kontrastfarbe absteppen. Eines der Rechtecke aus Alcantara für die Seitenteile (H×B = 16×19 cm) nehmen und die Lasche rechts auf rechts in der Mitte des oberen Randes von 19 cm Breite festklemmen. (Bild 6)

1

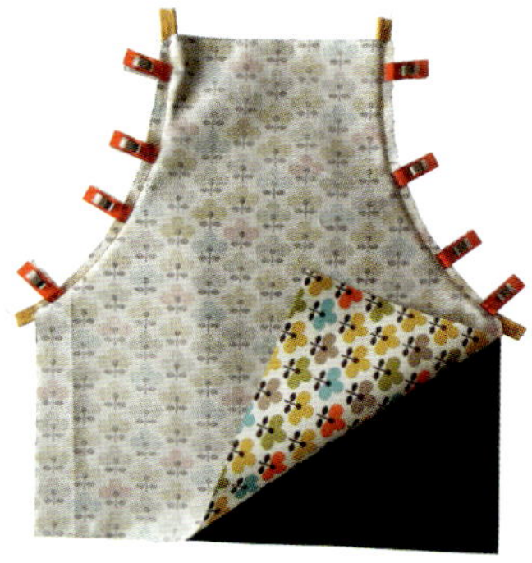
2

3

4

5

6

7. Ein zweites Seitenteil aus Alcantara rechts auf rechts auf das Teil mit der Lasche legen. (Bild 7)

8. Auf dem Teil ohne Lasche, 1 cm vom oberen Rand eine waagrechte Linie ziehen und die Teile auf dieser Linie zusammensteppen. So wird die Lasche befestigt. (Bild 8)

9. Die beiden Teile aufklappen – Sie erhalten ein Teil von 19 x 30 cm mit einer Lasche in der Mitte. (Bild 9)

10. An der Verbindung der beiden Teile auf dem oberen Teil knappkantig absteppen, damit die Lasche flach liegt. (Bild 10)

11. Mit einer Lochzange gemäß der Markierung auf dem Schnittmuster ein Loch in die Lasche stanzen. (Bild 11)

12. Die Seitentasche auf das Seitenteil legen wie abgebildet; die unteren Ränder müssen sich decken. (Bild 12)

13. Analog zum Loch in der Lasche ein Loch in die Seitentasche stanzen und die Knopfniete anbringen. Ich empfehle Ihnen, einen Tropfen Kleber aufzubringen, damit die Knopfniete sich nicht löst. (Bild 13)

14. Die Schritte 5 bis 13 für die zweite Seite wiederholen. (Bild 14)

15. Die Vordertasche mit der bedruckten Futterseite nach unten auf das Vorderteil des Taschenbeutels legen. (Bild 15)

7

8

9

10

11

12

13

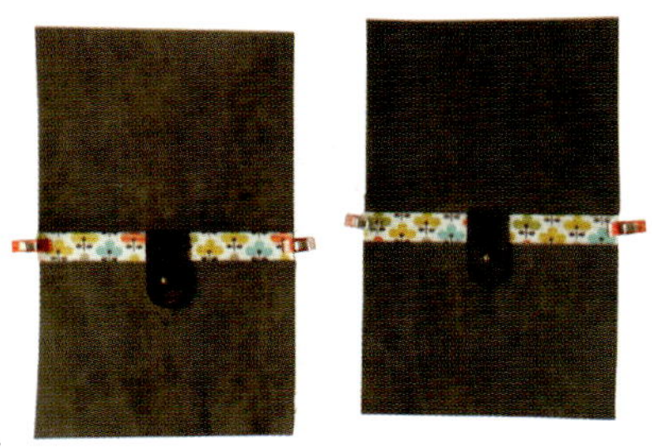
14

15

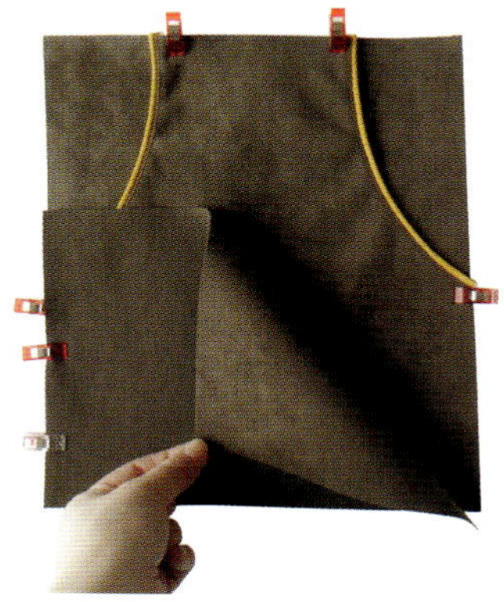
16

16. Das Alcantararechteck für den Taschenboden (19×27,5 cm) rechts auf rechts auf das Vorderteil legen. Feststeppen. (Bild 16)

17

17. Dann jeweils rechts auf rechts in folgender Reihenfolge zusammensteppen: Boden und Rückseite, Boden und Seitenteile. Seitennähte von links schließen. (Bild 17)

18. Nun die Futterteile nehmen. Falls Sie den Taschenorganizer einsetzen wollen, bringen Sie die Socket-Hälften der Snaps an wie abgebildet: jeweils 1 Snap in der Mitte der Seitenteile 12 cm vom oberen Rand und jeweils zwei an Vorder- und Rückseite, 12 cm vom oberen Rand und 4 cm von den Seiten. (Bild 18)

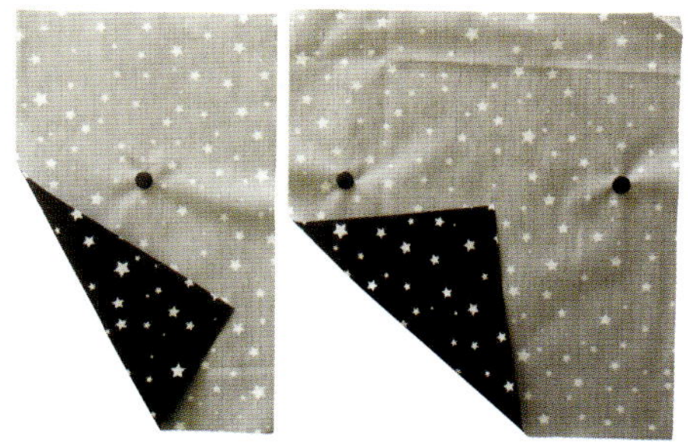
18

19. Die Futterteile von links zusammennähen: zuerst Boden und Vorderseite, dann Boden und Rückseite. Dabei am Boden eine Öffnung zum späteren Wenden der Tasche lassen. (Bild 19)

20. **Damit Ihre Nähte schön werden, beginnen und beenden Sie diese jeweils 1 cm vom Rand entfernt.** (Bild 20)

21. Nachdem Sie Vorder- und Rückseite sowie die Seitenteile an den Boden genäht haben, von links die Seitennähte schließen. Beiseitelegen. (Bilder 21 und 22)

19

22. Den 12×16 cm großen Streifen für die Schlaufen mit den Ringen von links mit Bügeleinlage verstärken. Die Längsseiten zur Mitte umfalzen wie ein Schrägband und den Streifen nochmals der Länge nach falten. Es entsteht ein vierlagiger Streifen von 12 ×4 cm. Diesen an den Längsseiten absteppen. (Bild 23)

20

21

22

23

24. Den Streifen der Breite nach durchschneiden, die beiden Teile in der Mitte falten und jeweils einen Ring aufziehen. Die Enden grob zusammensteppen. (Bild 24)

25. Die Schlaufen mit den Ringen mittig am oberen Rand der Seitenteile festklemmen und 0,5 cm von der Kante entfernt feststeppen. (Bild 25)

26. Den Taschenbeutel auf links wenden, das Futter hineinschieben. Die rechte Seite des Futters zeigt zur rechten Seite des Oberstoffs. Ringsum am oberen Rand zusammensteppen, besonders fest an den Schlaufen. (Bild 26)

27. Durch die Öffnung im Futter wenden, Öffnung schließen. Oberen Rand ringsum knappkantig absteppen. (Bild 27)

28. Die Ösen mit dem beiliegenden Werkzeug befestigen. Bei der Anordnung der Ösen am unten abgebildeten Schema orientieren. (Bild 28 und Schema 29)

29. Auf die vier Alcantararechtecke für die Quasten von links 2 cm unterhalb des oberen Randes eine waagrechte Linie zeichnen. Die Partie darunter in schmale Streifen schneiden, die bis an die Linie heranreichen. (Bild 30)

30. Auf jeweils **ein Ende** der beiden Bindebänder zum Verschließen einen Tropfen Kleber geben. (Bild 31)

31. Das Quastenteil um das Bindeband rollen und mit einem Tropfen Kleber zusammenkleben. **Die anderen beiden Quasten erst anbringen, nachdem Sie das Bindeband durch die Ösen gezogen haben!** (Bild 32)

24

25

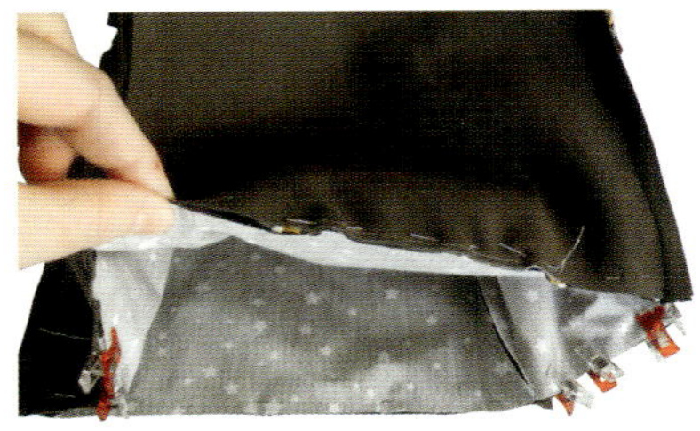

26

27

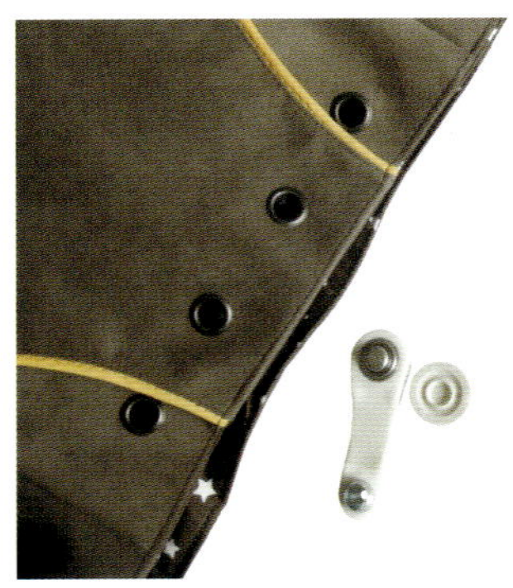

28

29

Position der Ösen

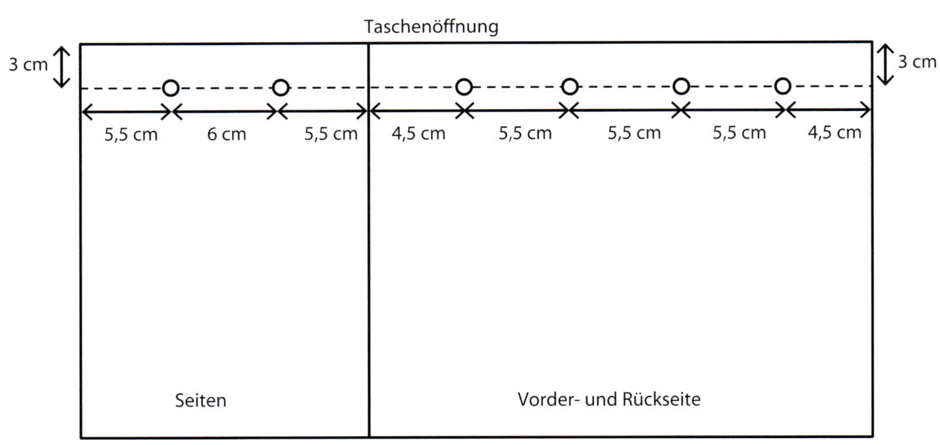

30

31

32

32. Die Bindebänder durch die Ösen ziehen. Das erste Band wird an der Vorderseite entlanggeführt und endet jeweils in einer Öse an den Seiten. Das zweite Band verläuft auf der Rückseite der Tasche. Zum Verschließen der Tasche werden die Quasten an den Seiten zusammengebunden. (Bild 33)

33. Die Streifen aus Alcantara und Baumwolldruck für den Schulterriemen rechts auf rechts aufeinanderlegen und ringsum zusammensteppen, dabei eine Schmalseite offen lassen. Durch diese Öffnung wenden. An der Öffnung ringsum 1 cm nach innen einschlagen. Den gesamten Streifen ringsum knappkantig absteppen. (Bild 34)

34. Den Schulterriemen wie abgebildet durch die Verstellschnalle und die beiden Ringe ziehen. Beide Enden festklemmen und zusammennähen. (Bild 35 und 36)

33

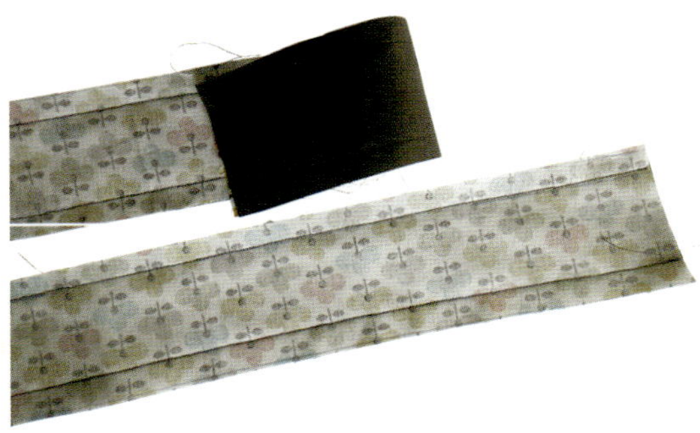

34

35

36

Taschenorganizer

Taschenorganizer

Das passende Innenleben der Beuteltasche Solveig (S. 62) – ein Organizer mit vielen Taschen, um ein wenig Ordnung zu schaffen. Der ideale Begleiter für ordnungsliebende junge Damen.

Die Maße werden in Höhe × Breite (H × B) angegeben.
In der Anleitung unterteile ich den Organizer in 4 Partien – A, B, C und D. Einen Überblick über die Aufteilung gibt das Schema auf S. 72.

Grösse: 25 × 18 cm

Schwierigkeitsgrad: *

Material:
- 1 m verschiedene Baumwollstoffe für Oberstoff, Futter und Innenfächer
- 1 Reißverschluss von 30 cm Länge für die Innentasche
- 30 cm Schrägband für das Schlüsselband
- 1 kleiner Karabinerhaken für das Schlüsselband
- 1 kleines Stück Klarsichtfolie/transparentes Wachstuch für die Seitentasche
- 50 cm Volumenvlies zum Aufbügeln, damit der Organizer Halt bekommt
- 20 cm Schrägband für die transparente Innentasche
- 6 Stud-Hälften von Kunststoffdruckknöpfen (Snaps) zur Befestigung des Organizers in der Beuteltasche

Die Konstruktion des Organizers ist einfach – es ist, als würden Sie eine Tasche in eine Tasche nähen. Sie können die Innentaschen beliebig abwandeln und Ihren Organizer ganz nach Ihren Bedürfnissen gestalten.

Schnittmuster:
Für dieses Modell befinden sich keine Schnittteile auf dem Schnittmusterbogen.

Folgende Maße auf den Stoff übertragen und die Teile zuschneiden:

Partie A: für das Futter je 1 Rechteck von 20 × 18,5 cm aus Baumwolldruck **und** Volumenvlies zum Aufbügeln. Für die Seitentasche 1 Rechteck von 15 × 18,5 cm.
Partie B: für das Futter je 1 Rechteck von 20 × 27 cm aus Baumwolldruck **und** Volumenvlies zum Aufbügeln. Für die Reißverschlusspartie je 1 Rechteck à 7 × 27 cm und 31 × 27 cm. Für die Innentasche aus Sternchenstoff 1 Rechteck von 26 × 27 cm.
Partie C: für das Futter je 1 Rechteck von 20 × 18,5 cm aus Baumwolldruck **und** Volumenvlies zum Aufbügeln. Für die Sternchentasche 1 Rechteck von 30 × 18,5 cm. Für die Tasche mit Stiftefächern 1 Rechteck von 20 × 18,5 cm aus Baumwolldruck.
Partie D: für das Futter je 1 Rechteck von 20 × 27 cm aus Baumwolldruck **und** Volumenvlies zum Aufbügeln. Für die Innentasche mit Sternchen 1 Rechteck von 32 × 27 cm. Für die in der Mitte geteilte Innentasche 1 Rechteck von 22 × 27 cm.
Boden: je 1 Rechteck à 18,5 × 27 cm aus Baumwolldruck **und** Volumenvlies zum Aufbügeln.
Oberstoff: 2 Rechtecke à 20 × 27 cm für die Vorder- und Rückseite. 2 Rechtecke à 20 × 18,5 cm für die Seiten. 1 Rechteck von 18,5 × 27 cm für den Boden.

Anleitung:

1. Das Schema zeigt Ihnen, wie die Partien A, B, C und D aneinandergefügt werden. (Schema 1)

2. **Partie A:** Das doppelt gefalzte Schrägband über die Kante des Klarsichtstoffs schieben und festklammern. (Bild 2)

3. Entlang dem inneren Umbruch knappkantig feststeppen. (Bild 3)

4. Das Futterteil von 20 x 18,5 cm mit dem Volumenvlies zum Aufbügeln verstärken. Das transparente Teil von rechts auf das verstärkte Futter legen, sodass die unteren Ränder kantenbündig sind. An den Seiten 0,5 cm vom Rand zusammensteppen. Beiseitelegen. (Bild 4)

5. **Partie B:** Alle Teile von Partie B bereitlegen. (Bild 5)

6. Das Rechteck von 7 x 27 cm links auf links in der Mitte falten, sodass ein Rechteck von 3,5 x 27 cm entsteht. Dieses auf den Reißverschluss legen (Stoffbruch zu den Zähnchen) und am Stoffbruch entlang knappkantig aufsteppen. Reißverschlussfuß verwenden. (Bild 6)

7. Das Rechteck von 31 x 27 cm links auf links auf 15,5 x 27 cm falten und auf der anderen Seite des Reißverschlusses feststeppen wie beschrieben. (Bild 7)

8. Überstehende Enden des Reißverschlusses abschneiden. Achtung: Den Zipper gut in die Mitte schieben! An beiden Seiten je eine Klammer befestigen, damit der Zipper nicht herunterrutscht. Das Ganze von rechts auf das mit Volumenvlies verstärkte Futterteil legen. (Bild 8)

2

3

4

5

1 Taschenorganizer

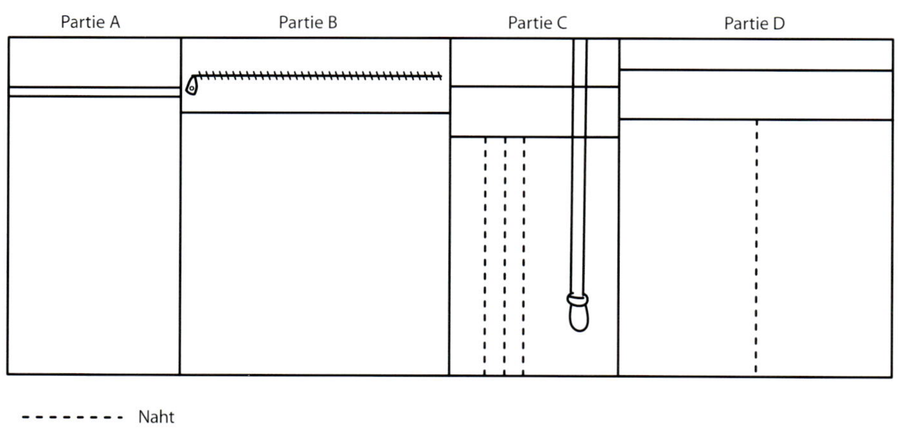

6

7

8

9. Das Rechteck von 26 × 27 cm aus Sternchenstoff für die Innentasche links auf links auf 13 × 27 cm falten. Am Stoffbruch knappkantig absteppen und auf das Reißverschlussteil legen. Die unteren Ränder liegen genau übereinander. (Bild 9)

10. An den Seiten 0,5 cm vom Rand zusammensteppen und die Partie B beiseitelegen. (Bild 10)

11. **Partie C:** Alle Teile von Partie C bereitlegen. (Bild 11)

12. Das Rechteck von 30 × 18,5 cm für die Innentasche (Sterne) und das Rechteck von 20 × 18,5 cm für die Innentasche mit Stiftefächern jeweils links auf links falten, sodass je 1 Rechteck von 15 × 18,5 cm (Sterne) und 10 × 18,5 cm (Stiftetasche) entstehen. Am Stoffbruch jeweils knappkantig absteppen. Die Stiftetasche links auf rechts auf die Sternentasche legen, sodass die unteren Ränder genau übereinanderliegen. Mit auswaschbarem Filzstift vertikale Linien auf die Stiftetasche zeichnen – die erste Linie 2 cm vom linken Rand entfernt, die beiden anderen im Abstand von jeweils 1,5 cm. Beide Innentaschen zusammenstecken und auf den Linien aufeinandersteppen. Diese Nähte verbinden die beiden Innentaschen. (Bild 12)

13. Das Futter von links mit dem Volumenvlies zum Aufbügeln verstärken. Die Innentaschen darauflegen (untere Ränder genau übereinander). An den Seiten 0,5 cm vom Rand entfernt zusammennähen, damit später das Zusammennähen der Partien leichter geht. Partie C beiseitelegen. (Bild 13)

9

10

11

12

13

14. **Partie D:** Das Rechteck von 32 x 27 cm für die Innentasche aus Sternenstoff links auf links auf 16 x 27 cm falten. Ebenso das Rechteck aus Wolkenstoff von 22 x 27 cm auf 11 x 27 cm falten. Am Stoffbruch jeweils knappkantig absteppen. Das Wolkenrechteck auf das Sternenrechteck legen, sodass die unteren Ränder genau übereinanderliegen. Genau in der Mitte des Wolkenstoffs vom oberen zum unteren Rand eine senkrechte Linie ziehen. Beide Teile auf dieser Linie zusammensteppen; diese Naht verbindet die beiden Innentaschen. (Bild 14)

14

15. Das Schrägband für den Karabiner erst der Länge, dann der Breite nach in der Mitte falten und durch den Karabinerhaken ziehen. (Bild 15)

15

16. Schrägband an den Längsseiten knappkantig absteppen, dabei ein „U" nähen, um den Karabiner einzuschließen. (Bild 16)

16

17. Das Innentaschenteil auf das zuvor mit Volumenvlies verstärkte Futter legen (untere Ränder genau übereinander). Das Schlüsselband mit dem Karabiner auflegen und festklemmen. Die Seiten der Teile 0,5 cm vom Rand entfernt zusammensteppen. Partie D beiseitelegen. (Bild 17)

17

18. Das Bodenteil von links mit Volumenvlies zum Aufbügeln verstärken. Die Partien B und D rechts auf rechts an den Boden steppen, dabei in einer Naht eine Öffnung zum Wenden lassen. (Bild 18)

18

19. Die Partien A und C rechts auf rechts an den Boden steppen. (Bild 19)

19

20. Die jeweiligen Seitennähte der Partien A, B, C und D rechts auf rechts schließen. Dann ebenfalls rechts auf rechts alle Teile des Oberstoffs zusammennähen wie die Partien des Futters. (Bild 20)

21. Das Futter auf rechts wenden, den Oberstoff auf links. Das Futter in den Oberstoff schieben; die rechte Seite des Futters zeigt zur rechten Seite des Oberstoffs. Am oberen Rand ringsum feststecken. (Bild 21)

22. Futter und Oberstoff rings um den oberen Rand zusammensteppen. (Bild 22)

23. Durch die im Futter gelassene Öffnung wenden, das Futter wieder in die Tasche schieben. (Bild 23)

24. Die Öffnung mit Saumstichen schließen (siehe Grundbegriffe des Nähens, S. 9). Den Organizer von innen leicht bügeln, dabei den Klarsichtstoff aussparen! Den oberen Rand des Organizers ringsum absteppen. Den Organizer in die Beuteltasche schieben, sodass die Ecken schön ineinanderliegen (Seitennähte genau aneinander) und mithilfe der Socket-Hälften der Druckknöpfe die Position der Stud-Gegenstücke bestimmen. Druckknöpfe befestigen. (Bild 24)

25. Die Druckknöpfe der Partie B in der Reißverschlusstasche anbringen. Damit ist der Organizer fertig und Sie können ihn in Ihrer Beuteltasche Solveig befestigen. (Bild 25 und 26)

20

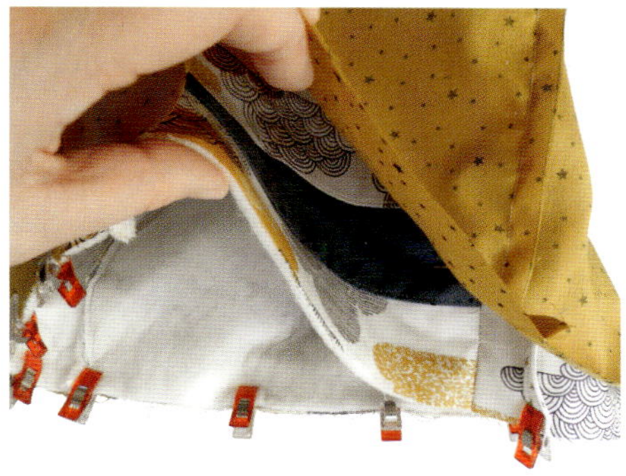
21

22

23

24

25

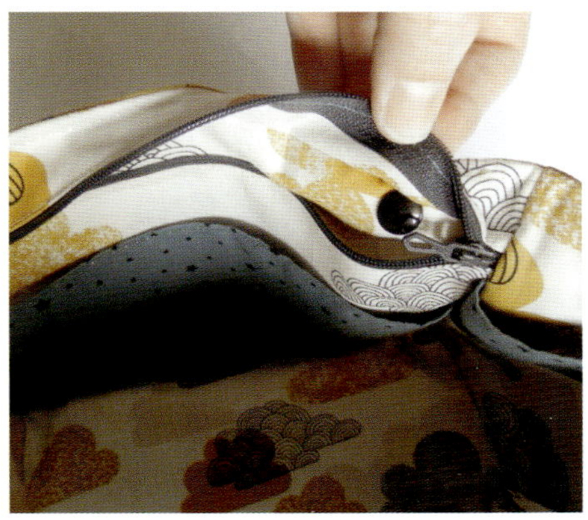
26

Transparente Tasche Nine

Transparente Tasche Nine

Eine kleine, transparente Handtasche, mit herausnehmbarem Futter – für die Tage, an denen man den Tascheninhalt nicht verbergen will.
Das Futter lässt sich einfach heraus- und wieder einknöpfen. Sie können verschiedene Futter und Schulterriemen für dieselbe Tasche nähen, so können Sie die Basistasche nach Lust und Laune oder je nach Ihrer Garderobe verwandeln.

Grösse: 27 x 20 cm

Schwierigkeitsgrad: ***

Material:

Für die Tasche:

– 40 cm Klarsichtfolie (z. B. transparentes Wachstuch) als Oberstoff. Damit die Tasche fest genug wird, empfehle ich eine Stoffdicke von mindestens 0,3 mm. Dcker als 0,4 mm sollte der Stoff jedoch nicht sein, damit das Zusammennähen vor allem der Seiten leichter geht. In Onlineshops wird die Stoffdicke in der Regel angegeben.
– Schrägband: 7,5 cm für die Seiten, 63,5 cm für die Einfassung der Vorderseite, 30 cm für den oberen Rand des Vorderteils, 117 cm für die Einfassung von Rückseite und Klappe, 44 cm für die vordere Außentasche
– 19 cm Webband für den oberen Rand der vorderen Außentasche
– 1 Streifen bedruckter Stoff (10 x 15 cm) für die seitlichen Laschen
– 8 cm Schrägband (2x) für die Ringschlaufen
– 2 kleine Ringe (2 cm Durchmesser)
– 2 drehbare Karabinerhaken für Riemen, 15 mm
– 2 Streifen à 10 x 80 cm für die Schulterriemen
– 1 Streifen von 4 x 15 cm für die Schlaufen des Schulterriemens
– 1 Mappenverschluss von 22 x 33 mm
– 4 Socket-Hälften der Kunststoffdruckknöpfe (Snaps), wenn möglich transparent

Für das herausnehmbare Futter:

– 40 cm Baumwolldruck
– 4 Stud-Hälften von Kunststoffdruckknöpfen (Snaps), wenn möglich transparent

Schnittmuster:

Nahtzugaben von 1 cm sind enthalten..

Bogen D, violette Linien

Bei diesem Modell bestehen Rückseite und Klappe aus einem Stück. Mar schlägt die Klappe auf die Vorderseite um. Einfassung und Schulterriemen sind auf dem Schnittmusterbogen nicht enthalten. Folgende Maße auf den Stoff übertragen und die Teile zuschneiden:.

Oberstoff: aus Klarsichtfolie 1x Vorderseite, 1x Rückseite/Klappe, 1x vordere Außentasche und 1 Streifen von 61,5 x 7,5 cm.
Schulterriemen: aus Baumwolldruck 2 Streifen à 10 x 80 cm und 1 Streifen von 4 x 15 cm.
Seitliche Laschen: aus Baumwolldruck 1 Streifen von 10 x 15 cm.
Futter: aus Baumwolldruck 4x Vorderseite, **jedoch mit einer Nahtzugabe von 1 cm am oberen Rand,** sowie 2 Streifen à 63,5 x 7,5 cm (für Taschenboden und Seiten).

Info:

Unbedingt mit dem Teflonfuß arbeiten. Lassen Sie sich beim Zusammennähen viel Zeit, dann wird alles gelingen.

Anleitung:

1. Das Webband auf den oberen Rand der vorderen Außentasche legen, festklammern und an beiden Längskanten feststeppen. (Bild 1)

2. An dieser Tasche wird das Schrägband nicht auf klassische Weise angenäht, sondern der Länge nach gefalzt, dann über die Kante des Klarsichtstoffs gestülpt und festgeklammert. (Bild 2)

3. Das Schrägband bis auf die Oberkante rings um die gesamte Tasche anbringen und im Abstand von 0,2 cm von der Innenkante feststeppen. Beide Enden des Schrägbands vor dem Festnähen 1 cm nach innen einschlagen, damit sie nicht ausfransen. (Bild 3)

4. Die Außentasche gemäß den Markierungen auf das Vorderteil der Tasche legen. Mit wieder ablösbarem Klebeband fixieren, damit sie beim Festnähen nicht verrutscht. (Bild 4)

5. Eine zweite Steppnaht 0,2 cm von der Außenkante des Schrägbands anbringen; mit dieser Naht wird die Tasche am Vorderteil befestigt. (Bild 5)

6. Das rote Schrägband über die Oberkante des Taschenvorderteils stülpen und der Länge nach feststeppen. (Bild 6)

7. Die beiden 8 cm langen Stücke Schrägband für die Ringschlaufen der Breite nach falten, die Ringe aufziehen und die Enden grob zusammensteppen. Beiseitelegen. (Bild 7)

1

2

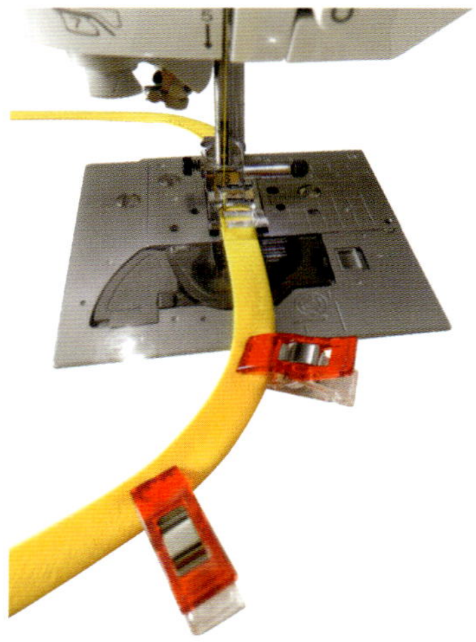
3

4

5

6

7

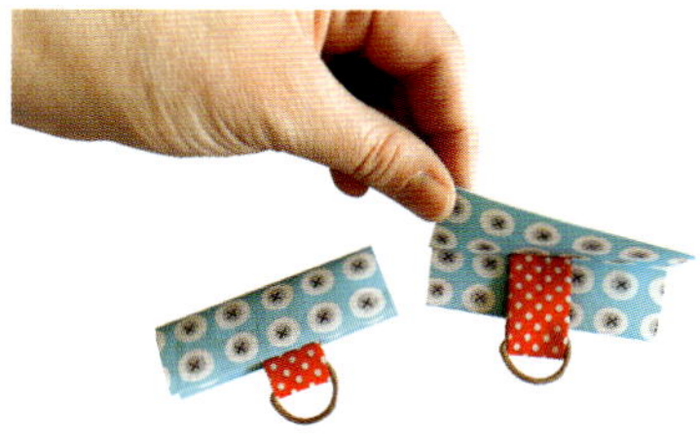

8

9

8. Den Stoffstreifen von 15 x 10 cm für die seitlichen Laschen falten: zunächst der Länge nach doppelt falzen wie ein Schrägband, dann der Breite nach falten. In der Mitte durchschneiden, sodass zwei Streifen à 2,5 x 7,5 cm entstehen. Die Schrägbandschlaufen mit den Ringen in die Mitte hineinschieben. (Bild 8)

9. Die 7,5 cm langen Schrägbandstücke über die Schmalseiten des umlaufenden Klarsichtstreifens stülpen und feststeppen. (Bild 9)

10

10. Die beiden Laschen mit den Ringen von rechts auf diesen Klarsichtstreifen klemmen. Die Oberkante der Lasche liegt 2,5 cm unterhalb der Oberkante des Streifens. (Bild 10)

11

11. Die Laschen jeweils an beiden Längsseiten auf den Streifen steppen. (Bild 11)

12. Die Taschenteile von rechts zusammenfügen; dabei mit dem umlaufenden Streifen und dem Vorderteil beginnen. Festklammern. (Bild 12)

12

13. Eine erste Naht 0,5 cm von der Kante entlang dem gesamten Streifen anbringen.

Einen Teflonfuß verwenden! (Bild 13)

14. Diese erste Naht erleichtert später das Anbringen des Schrägbands. (Bild 14)

15. Das Schrägband wie in Schritt 2 und über diese gesamte Nahtlänge stülpen und festklemmen. Nicht vergessen, die Enden jeweils 1 cm einzuschlagen. (Bild 15)

16. Das Schrägband knappkantig 0,2 cm vom inneren Rand aufsteppen. (Bild 16)

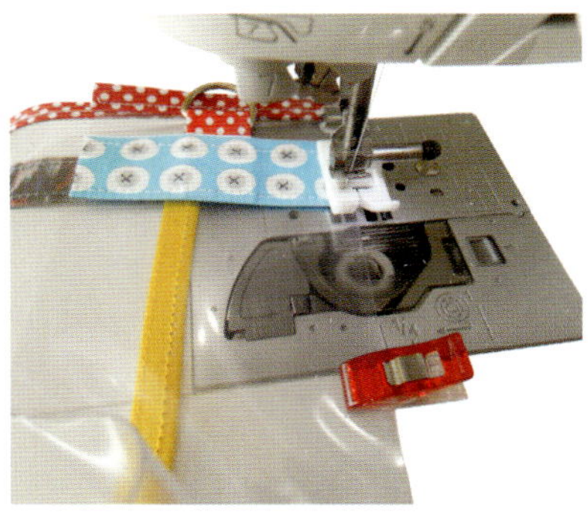

13

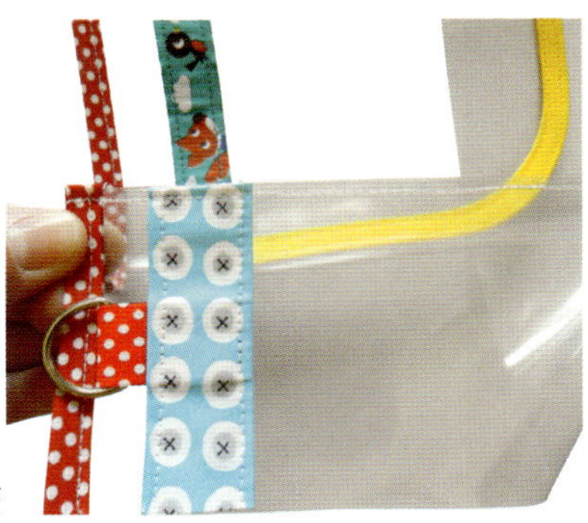

14

15

16

17. Das Schnittteil Taschenrücken/Klappe nehmen und den Taschenrücken wie in Schritt 12 und 13 am umlaufenden Streifen feststeppen (nicht die Klappe feststeppen!). (Bild 17)

18. Das Schrägband wie in Schritt 9 **rings um** Taschenrücken und Klappe befestigen. Dabei das Ende 1 cm nach innen einschlagen und mit dem Anfang überlappen lassen. (Bild 18)

19. Die Klarsichttasche ist fertig. (Bild 19)

20. Die Socket-Hälften der Kunststoffdruckknöpfe gemäß den Markierungen auf dem Schnittmuster anbringen. Die knöpfbare Seite muss innen liegen. (Bild 20)

21. Da die Tasche transparent ist, sollen im Futter keine Nahtzugaben sichtbar sein. Es wird daher aus einer Außen- und einer Innenseite verstürzt genäht. Das blaue Vorderteil des äußeren Futters rechts auf rechts an den umlaufenden Streifen aus blauem Futterstoff steppen. (Bild 21)

22. Den Rücken des blauen Futters rechts auf rechts an den umlaufenden Streifen steppen. Beiseitelegen. (Bild 22)

23. Die Schritte 21 und 22 für das rote innere Futter wiederholen; **dabei am Boden eine Öffnung zum Wenden lassen.** (Bild 23)

24. Das rote Futter in das blaue Futter schieben. Das blaue Futter liegt auf links, das rote auf rechts. Die rechte Seite des roten zeigt zur rechten Seite des blauen Futters. (Bild 24)

25. Am oberen Rand ringsum zusammensteppen. (Bild 25)

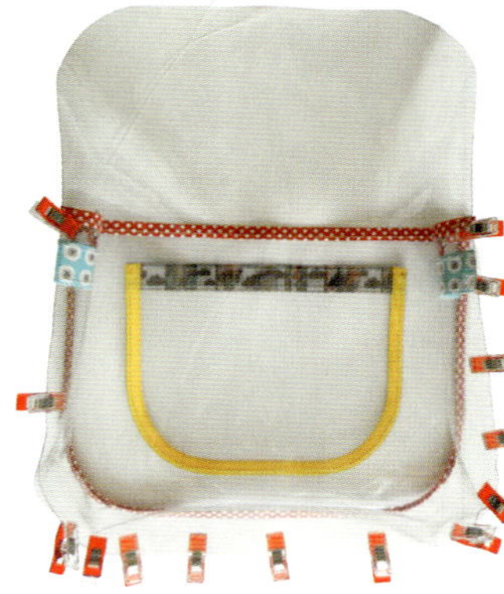
17

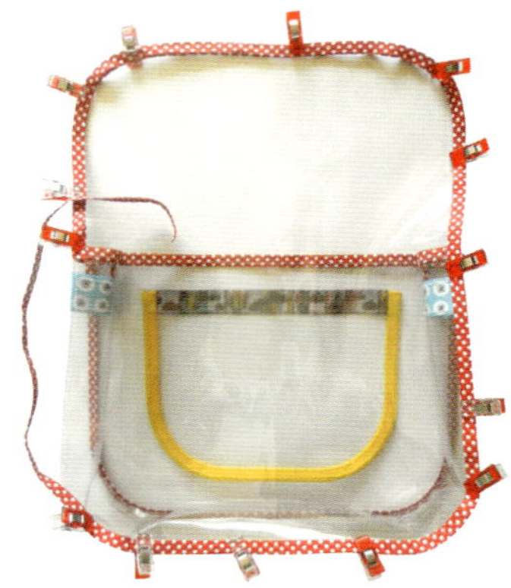
18

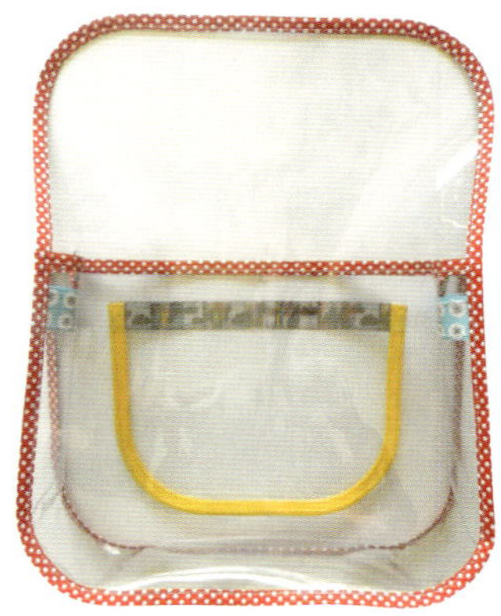
19

20

21

22

23

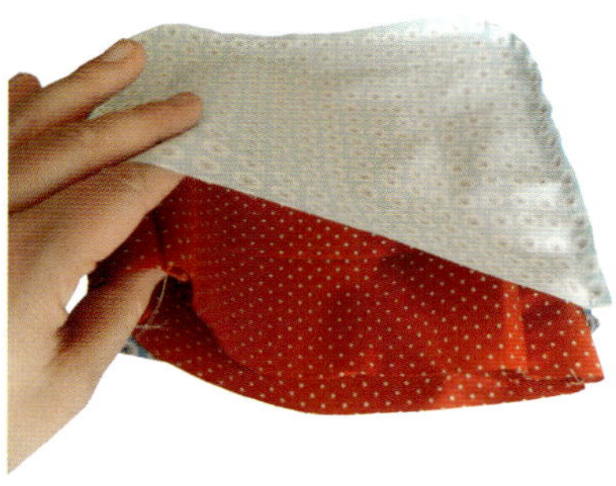
24

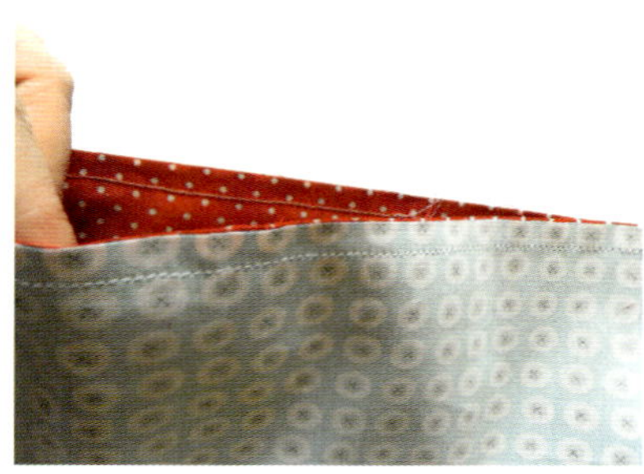
25

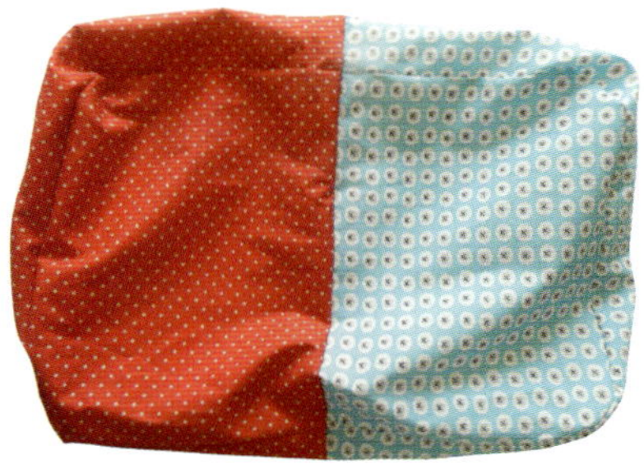
26

26. Durch die im roten Futter gelassene Öffnung auf rechts wenden; die Öffnung unauffällig mit Saumstichen schließen (siehe Grundbegriffe des Nähens, S. 9). Das rote Futter in das blaue schieben, bügeln und den oberen Rand knappkantig absteppen. (Bild 26)

27

27. Das Futter in die Tasche schieben. Analog zu den Socket-Hälften der Druckknöpfe an der Tasche die Stud-Hälften am Futter anbringen. Die knöpfbare Seite des Druckknopfs liegt an der Futteraußenseite. (Bild 27)

28

28. Das Mappenschloss in der Mitte der Klappe anbringen.

Achtung, dabei nicht durch die Naht des Schrägbands stechen! (Bild 28)

29

29. Das Gegenstück des Verschlusses nur an der Klarsicht-Außentasche befestigen, **nicht an Außentasche und Taschenvorderteil!** (Bild 29)

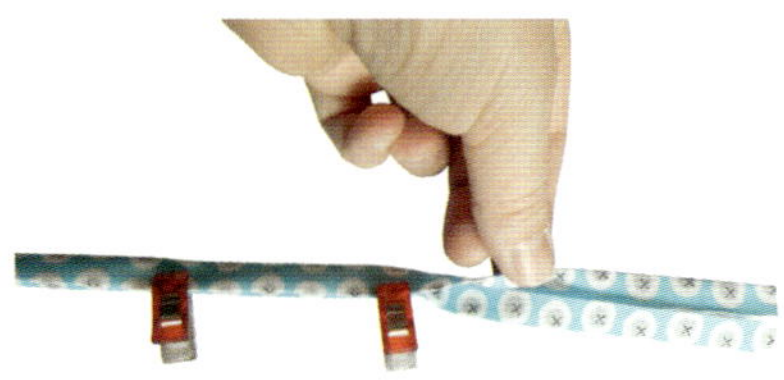
30

30. Den 4 × 15 cm großen Streifen für die Schlaufen doppelt falzen wie ein Schrägband und an beiden Längsseiten absteppen. (Bild 30)

31

31. Den Streifen durchschneiden, sodass zwei Streifen à 1 × 7,5 cm entstehen. Die Karabinerhaken aufziehen, die Enden zusammensteppen. (Bild 31)

32. Die beiden 10 × 80 cm langen Streifen für die Schulterriemen wie in Schritt 30 falzen und an den Schmalseiten je 1 cm einschlagen. Es entstehen zwei Streifen à 2,5 × 78 cm. (Bild 32)

33. Die Schlaufen mit den Karabinern in die Schulterriemen schieben und die Riemen ringsum absteppen. (Bild 33)

34. Die Karabiner an den Ringen befestigen und die Schulterriemen zusammenknoten. (Bild 34)

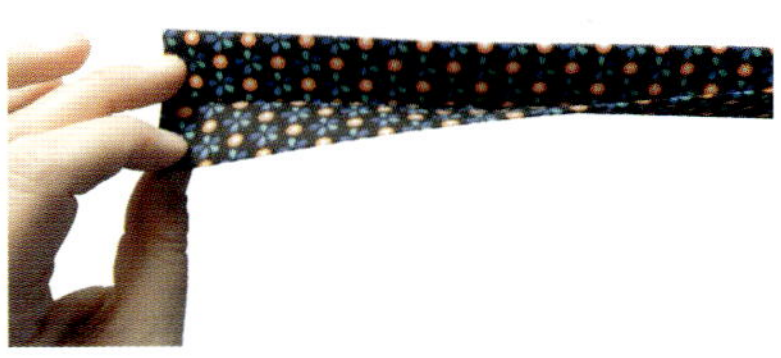
32

33

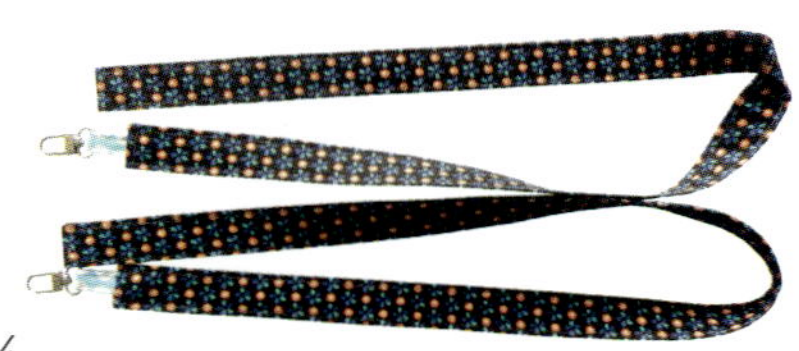
34

Henkeltasche Louise

Henkeltasche Louise

Eine kleine vielseitige Tasche im Retrostil. Je nach Material ist sie eine dezente und schicke Begleiterin fürs Büro oder zum Ausgehen am Abend..

Grösse: 23 x 27 cm

Schwierigkeitsgrad: *

Material:

– 50 cm Wollstoff oder **weiches** Kunstleder oder Gabardine für den Taschenbeutel, die Taschen an Vorder- und Rückseite, die Henkel und die Schlaufen für den Schulterriemen
– 50 cm Baumwolldruck für das Futter des Taschenbeutels, der Taschen an Vorder- und Rückseite, der Henkel und des Schulterriemens
– 30 cm Bügeleinlage (Typ H250) für Henkel und Futter
– 32 cm Paspel (2x) für die Taschen an Vorder- und Rückseite
– 28 cm Schrägband für das Zugband am Reißverschlusszipper (dekorativ)
– ein Reißverschluss von 30 cm (oder mehr – falls Sie keinen passenden haben, schneiden Sie ihn ab)
– 2 drehbare Karabinerhaken, 40 mm
– eine Verstellschnalle von 40 x 14 mm zum Verstellen des Schulterriemens
– 2 Kunststoffdruckknöpfe (Snaps) für die Taschen an Vorder- und Rückseite

Schnittmuster:
Nahtzugaben von 1 cm sind enthalten. Dieses Modell ist absichtlich klein gehalten, doch für eine größere Tasche können Sie die Maße ohne Weiteres vergrößern. **Zu diesem Modell gibt es keine Teile auf dem Schnittmusterbogen.** Zeichnen Sie die Rechtecke einfach anhand der angegebenen Maße auf Oberstoff und Futter.

Die Maße sind in **Höhe x Breite (H x B)** angegeben.

Wenn Sie als Oberstoff weiches Kunstleder auswählen, verwenden Sie einen Teflonnähfuß.

Aus Wollstoff zuschneiden: 2 Rechtecke à 35 x 32 cm für Vorderseite und Rücken der Tasche, 2 Rechtecke à 20 x 32 cm für die Außentaschen an Vorder- und Rückseite, 2 Rechtecke à 6 x 48 cm für die Henkel, 1 Streifen von 8 x 16 cm für die Schlaufen am Schulterriemen, 1 Streifen von 6 x 140 cm für den Schulterriemen.

Falls Sie keinen 140 cm breiten Stoff haben, nähen Sie 2 Streifen à 71 cm an einer Schmalseite rechts auf rechts zusammen.

Aus Baumwolldruck zuschneiden: 2 Rechtecke à 35 x 32 cm für Vorder- und Rückseite des Futters, 2 Rechtecke à 20 x 32 cm für das Futter der beiden Außentaschen, 2 Rechtecke à 6 x 48 cm für das Futter der Henkel, 1 Streifen von 6 x 140 cm für den Schulterriemen.

Aus Bügeleinlage zuschneiden: 2 Rechtecke à 35 x 32 cm für das Futter von Vorder- und Rückseite, 2 Rechtecke von 6 x 48 cm für das Futter der Henkel.

Anleitung:

1. Eines der 6 x 48 cm großen Rechtecke aus Baumwolldruck für das Henkelfutter von links mit der Bügeleinlage verstärken. Rechts auf rechts auf eines der Henkelteile aus Wollstoff legen. An den Längsseiten zusammensteppen, wenden, bügeln, die Längsseiten absteppen. Den zweiten Henkel genauso arbeiten. (Bild 1)

2. Die entstandenen Rechtecke der Länge nach in der Mitte falten (links auf links). An der Längsseite gegenüber dem Stoffbruch zusammensteppen; diese Naht jeweils 13 cm von den Enden des Streifens beginnen und beenden. Beiseitelegen. (Bild 2)

3. Die 32 cm lange Paspel an den oberen Rand des Wollstoff-Rechtecks von 20 x 32 cm für die vordere Außentasche stecken. (Bild 3)

4. Die Paspel der Länge nach aufsteppen. (Bild 4)

5. Mit einem Stift an den Schmalseiten des Henkelfutters 2,5 cm vom Rand eine Linie ziehen. Diese dient als Markierung, damit die Henkel beim Anbringen gleich lang werden. (Bild 5)

6. Die Henkel auf die Außentasche legen wie abgebildet. Die Außenkanten liegen 6,5 cm vom seitlichen Rand, die Linien am oberen Rand des Rechtecks aus Wollstoff. Die Henkel im Bereich der Paspel aufsteppen, dabei **zum besseren Halt ruhig mehrmals hin und her nähen**. (Bild 6)

1

2

3

4

5

6

7. Das Futter der Tasche rechts auf rechts auf das Teil mit dem Henkel legen. **Auf der ersten Naht der Paspel feststeppen.** (Bild 7)

8. Das Futter so umschlagen, dass es links auf links auf dem Teil mit dem Henkel liegt. Entlang der Paspel knappkantig feststeppen. Schritt 3 bis 8 für die rückwärtige Außentasche wiederholen. (Bild 8)

9. Den Reißverschluss rechts auf rechts kantenbündig an den oberen Rand des vorderen Taschenbeutels (also das Rechteck von 35 x 32 cm aus Wollstoff) legen. (Bild 9)

10. Mit dem Reißverschlussfuß das obere Reißverschlussband feststeppen. (Bild 10)

11. Das Futterteil von 35 x 32 cm von links mit Bügeleinlage verstärken Den oberen Rand des Futterteils rechts auf links und kantenbündig auf den Reißverschluss legen und **auf der ersten Naht** feststeppen. (Bild 11)

12. Wollstoff und Futter so umschlagen, dass sie rechts auf rechts liegen. (Bild 12)

13. Den Wollstoff entlang dem Reißverschluss knappkantig absteppen; diese Steppnaht verbindet zugleich den Wollstoff mit dem Futter. (Bild 13)

14. Die Schritte 9 bis 13 wiederholen, um den rückwärtigen Taschenbeutel an den Reißverschluss zu nähen. Die Stud-Hälften der Druckknöpfe in der Mitte der Außentaschen anbringen. (Bild 14)

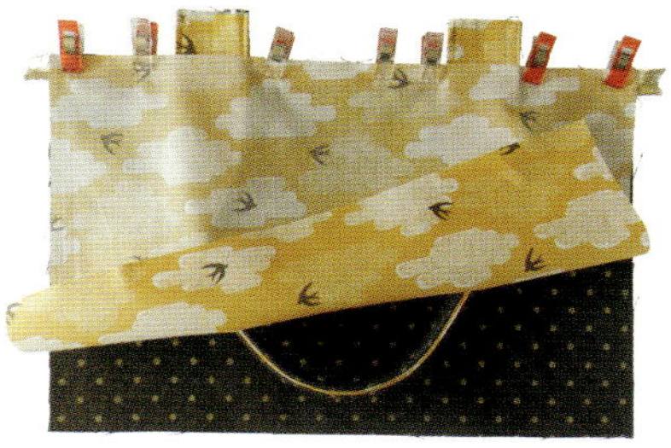
7

8

9

10

11

12

13

14

15. Analog zu den Stud-Druckknopfhälften die Socket-Gegenstücke am vorderen und rückwärtigen Taschenbeutel anbringen. Achtung, die Sockets nur am Wollstoff anbringen, nicht an Wollstoff und Futter! (Bild 15)

16. Um das spätere Zusammennähen zu erleichtern, empfehle ich, die Außentaschen unten und an den Seiten an den **Oberstoff** des vorderen und hinteren Taschenbeutels zu nähen.

Nicht an das Futter nähen! (Bild 16)

17. Den Wollstoffstreifen von 8 x 16 cm für die Schlaufen doppelt falzen wie ein Schrägband (Längsseiten zur Mitte falten, Streifen dann nochmals der Länge nach falten) und der Breite nach in der Mitte durchschneiden. Es entstehen zwei vierlagige Streifen, von 2 x 8 cm. Diese zu Schlaufen falten, die Enden grob zusammenstepppen. (Bild 17)

18. Die beiden Schlaufen 9 cm vom oberen Rand an den Seiten des Vorderteils (Oberstoff) festklemmen. Die Schlaufenenden an den Oberstoff steppen.

Achtung, die Schlaufen nicht ans Futter des Taschenbeutels steppen! (Bild 18)

19. Das Futter des Taschenbeutels rechts auf rechts legen, den Oberstoff des Taschenbeutels ebenfalls rechts auf rechts legen. (Bild 19)

20. Oberstoff und Futter um den äußeren Rand herum feststecken oder -klemmen. **Vorher den Reißverschluss öffnen, sonst können Sie die Arbeit später nicht wenden!** Ringsum mit 1 cm Nahtzugabe zusammensteppen. Am unteren Rand des Futters eine Öffnung zum Wenden lassen. (Bild 20)

15

16

17

18

19

20

21. Den Taschenboden abnähen. Dazu die unteren Ecken des Oberstoffs so legen, dass sie ein Dreieck bilden, von dessen Spitze die Seitennaht senkrecht nach oben führt. Das Dreieck ausstreichen und mit dem Lineal eine 4 cm lange Grundlinie des Dreiecks abmessen. Auf dieser Linie zusammensteppen. (Bild 21)

22. Diesen Vorgang können Sie nach Belieben auch beim Futter wiederholen, – Form und Halt der Tasche ändert dies aber nicht. Die Tasche auf rechts wenden und das Futter wieder hineinschieben. Die Öffnung im Futter unauffällig mit Saumstichen schließen (siehe Grundbegriffe des Nähens, S. 9). (Bild 22)

23. Die beiden 6 x 140 cm großen Streifen aus Baumwolldruck und Wollstoff für den Schulterriemen rechts auf rechts aufeinanderlegen und ringsum bis auf eine Schmalseite zusammensteppen. (Bild 23)

24. Auf rechts wenden, bügeln und an der noch offenen Schmalseite ringsum 1 cm nach innen einschlagen. Ringsum knappkantig absteppen; diese Naht schließt auch die verbliebene Öffnung. (Bild 24)

25. Den Schulterriemen durch die Verstellschnalle und die Karabinerhaken ziehen wie in Schritt 34 der Tasche Solveig (S. 69). Die Enden feststeppen und die Karabiner in den Schlaufen einhaken. Fertig ist Ihre Tasche! (Bild 25)

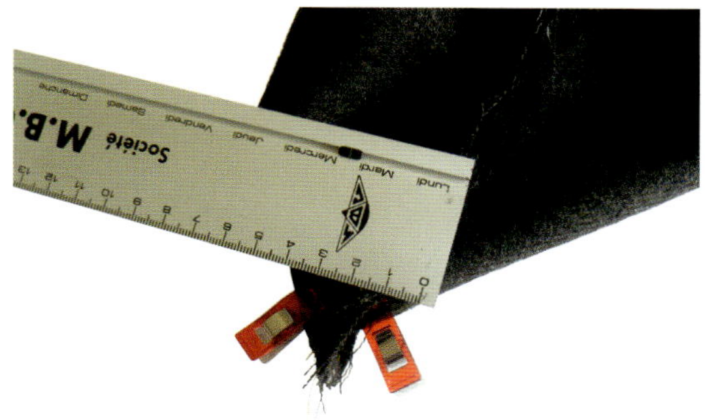

21

22

23

24

25

Schultertasche Bérénice

Schultertasche Bérénice

Diese kleine Schultertasche verströmt ein wenig Bohème-Flair.

Grösse: 23 x 27 cm

Schwierigkeitsgrad: **

Material:
– 50 cm Jeansstoff oder Gabardine oder weiches Kunstleder für den Taschenbeutel, die vordere Außentasche, das Futter der Klappe und die Schulterriemen
– 50 cm Baumwolldruck für das Futter von Taschenbeutel und vorderer Außentasche, den Oberstoff der Klappe, die Schulterriemen und die seitlichen Laschen zum Kaschieren der Naht des Schulterriemens
– 50 cm Vlieseline zum Aufbügeln (Typ H250) für das Futter der vorderen Außentasche, die Klappe, das Taschenfutter und die Schulterriemen
– ein Taschenverschluss aus Lederimitat mit Magnetknopf
– 4 Kunststoffdruckknöpfe (Snaps) für den verstellbaren Schulterriemen; 4 Socket-Hälften von Sternchen-Snaps zur Verzierung

Schnittmuster:
Bogen B, rote Linien

Nur die Schulterriemen das Seiten- und Bodenteil und die seitlichen Laschen sind auf dem Schnittmusterbogen nicht enthalten. Dafür die angegebenen Maße verwenden.

Außer bei der vorderen Außentasche sind bei diesem Modell die Nahtzugaben enthalten; sie betragen 0,75 cm für den Taschenbeutel und die Klappe.
Für das Futter betragen sie 1 cm. Aufgrund der Absteppung von außen hat das Futter breitere Nahtzugaben.
Ich empfehle Ihnen, ein weiches Material als Oberstoff zu verwenden, sonst wird es sehr schwierig, die Seiten von außen abzusteppen.

Aus Jeansstoff zuschneiden: 1 x Vorder- und 1 x Rückseite (Oberstoff), 1 x Seiten- und Bodenteil von 8 x 72 cm (Oberstoff), 1 x Klappe (Futter), 2 Streifen à 6 x 80 cm (Schulterriemen).

Aus Baumwolldruck zuschneiden: 1 x Vorder- und 1 x Rückseite (Futter), 1 x Seiten- und Bodenteil von 8 x 72 cm (Futter), 1 x Klappe (Oberstoff), 2 Streifen à 6 x 80 cm für die Schulterriemen und 1 Quadrat von 16 x 16 cm für die seitlichen Laschen.

Aus Bügeleinlage zuschneiden: 1 x Vorder- und 1 x Rückseite (Futter), 1 x Seiten- und Bodenteil von 8 x 72 cm (Futter), 1 x Klappe, 1 Rechteck von 28 x 20 cm (Futter der vorderen Außentasche), 2 Streifen à 6 x 80 cm für die Schulterriemen.

Vordere Außentasche: Ein Stück Baumwolldruck von 28 x 20 cm von links mit Bügeleinlage verstärken. Rechts auf rechts auf ein Stück Jeansstoff von 28 x 20 cm legen, feststecken, beiseitelegen. Die weitere Verarbeitung folgt in der Anleitung.

Nach Wunsch können Sie den Magnetverschluss durch einen Mappenverschluss ersetzen.

Anleitung:

1. Die Klappe aus Baumwollstoff von links mit Bügeleinlage verstärken und rechts auf rechts auf die Klappe aus Jeansstoff legen. Feststecken. (Bild 1)

2. Außer am oberen Rand ringsum zusammensteppen. Nahtzugaben an den Rundungen einkerben. Klappe auf rechts wenden, bügeln, Rundung knappkantig absteppen. (Bild 2)

3. Vordere Außentasche vorbereiten wie beim Zuschneiden (S. 89) beschrieben. Das Schnittteil „Vordere Außentasche" von links auf den Baumwolldruck (bzw. die Vlieseline) übertragen. (Bild 3)

4. **Direkt** auf der Linie zusammensteppen, dabei am oberen Rand eine Öffnung zum Wenden lassen. Mit Nahtzugabe zuschneiden, Nahtzugaben an den Rundungen einkerben. (Bild 4)

5. Auf rechts wenden, bügeln und **nur am oberen Rand** knappkantig absteppen. So wird die Öffnung geschlossen. (Bild 5)

6. Die Außentasche gemäß den Markierungen auf dem Schnitt auf das Vorderteil stecken. Bei Kunstleder o. Ä. mit wieder ablösbarem Klebeband aufkleben, um Löcher zu vermeiden. Die Rundung der Außentasche knappkantig absteppen. (Bild 6)

7. Die Schulterriemen vorbereiten. Die Streifen aus Baumwolldruck von links mit Bügeleinlage verstärken und rechts auf rechts auf die Streifen aus Jeansstoff legen. Ringsum zusammensteppen, dabei eine Schmalseite offen lassen. Wenden, die offene Schmalseite ringsum 1 cm nach innen einschlagen, den gesamten Streifen ringsum knappkantig absteppen. (Bild 7)

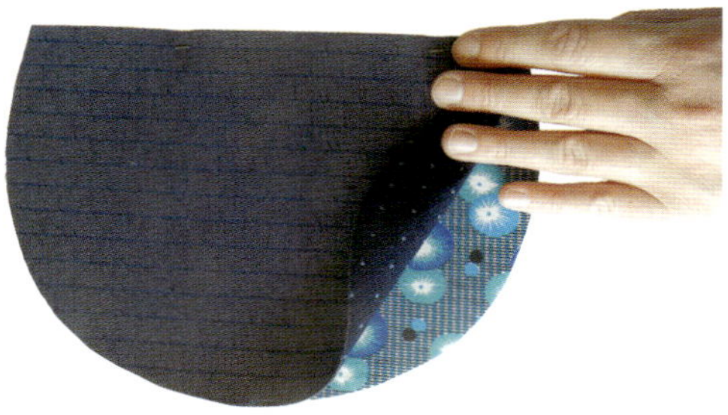
1

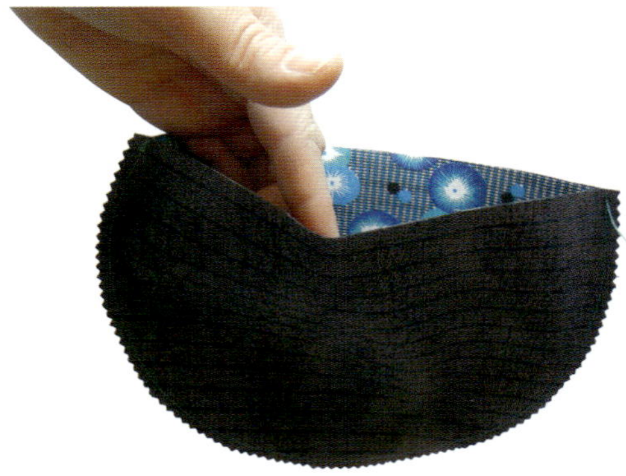
2

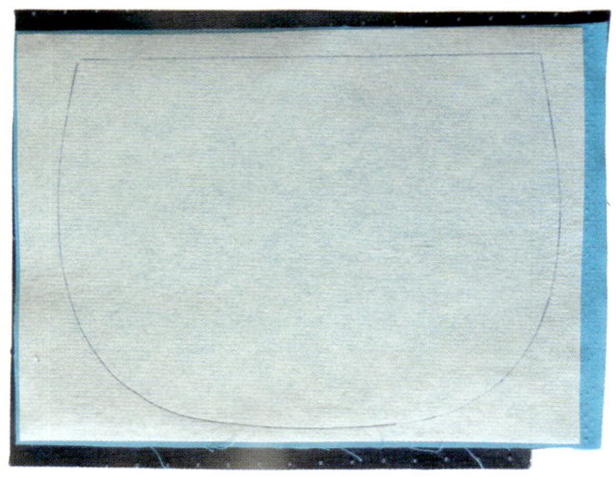
3

4

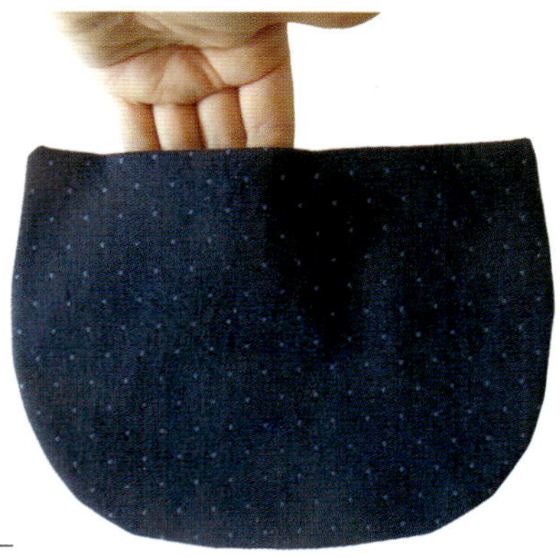
5

6

7

8. Auf das Seiten- und Bodenteil von 8 x 72 cm (Jeansstoff) mit Schneiderkreide parallel zu den Schmalseiten jeweils 3 cm und 6 cm vom Rand eine senkrechte Linie ziehen. Zwischen diesen Linien zwei waagrechte Linien ziehen, jeweils 2 cm von der oberen und unteren Längskante entfernt. Diese Hilfslinien dienen dazu, den Schulterriemen auf beiden Seiten in gleichem Abstand und gleicher Höhe anzubringen. (Bild 8)

8

9. Den Schulterriemen gemäß den Hilfslinien mittig auf das Seiten- und Bodenteil legen. Das Ende des Schulterriemens muss 7 cm über die 6 cm von der Schmalseite entfernte Linie hinausreichen. (Bild 9)

9

10. Den Schulterriemen auf das Seiten- und Bodenteil steppen wie abgebildet. (Bild 10)

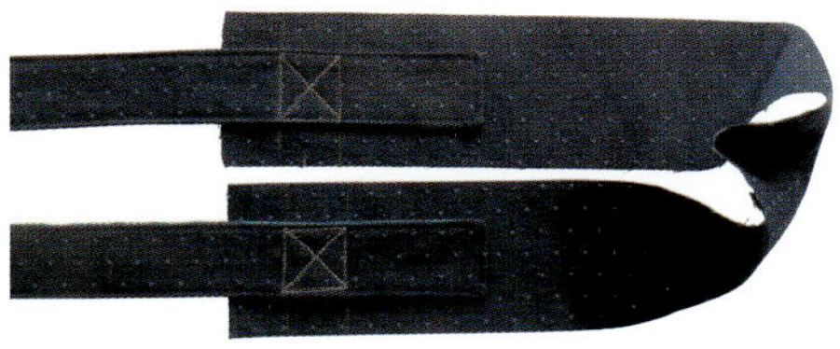
10

11. Das 16 x 16 cm große Quadrat aus Baumwolldruck doppelt falzen wie ein Schrägband (zwei Seiten zur Mitte falten, den Streifen nochmals längs falten). Es entsteht ein vierlagiger Streifen von 4 x 16 cm. In der Mitte durchschneiden, sodass zwei Streifen à 4 x 8 cm entstehen. (Bild 11)

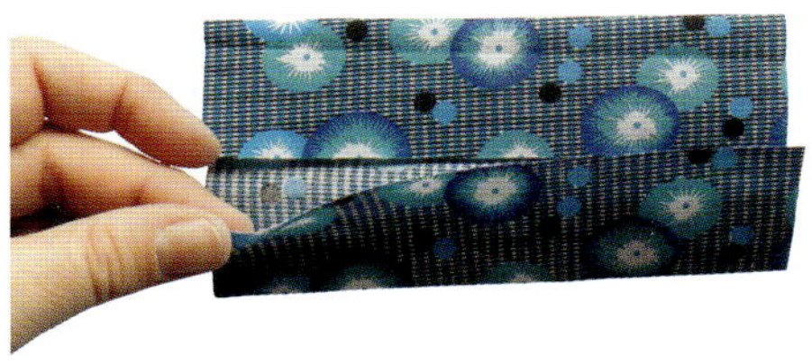
11

12. Diese Streifen auf die Befestigungsnähte des Schulterriemens legen. An den Längsseiten auf das Seiten- und Bodenteil steppen; so werden die Nähte verdeckt. Zum besseren Halt ruhig doppelt nähen. (Bild 12)

12

13. Das Seiten- und Bodenteil rechts auf rechts auf die Vorderseite legen, feststecken und 0,75 cm von der Kante feststeppen. (Bild 13)

13

14. Die Rückseite und das Seiten- und Bodenteil ebenso zusammennähen. (Bild 14)

14

15. Den Oberstoff auf rechts wenden. Die Verbindungsnaht zwischen Vorderseite sowie Seiten- und Bodenteil gut mit Klammern (Nähbedarf oder Wäscheklammern) abklemmen. Nun die Naht 0,2 cm vom Rand absteppen. Das ist etwas **knifflig** und erfordert große Genauigkeit. Der Schritt ist jedoch **nicht unbedingt erforderlich.** Bei Kunstleder unbedingt einen Teflonfuß verwenden, sonst wird es sehr schwierig. An der Verbindung zwischen Seiten- und Bodenteil und Rückseite ebenso vorgehen. **Den Unterfaden Ton in Ton zur Tasche wählen, da beide Seiten der abgesteppten Naht von außen sichtbar sind!** (Bild 15)

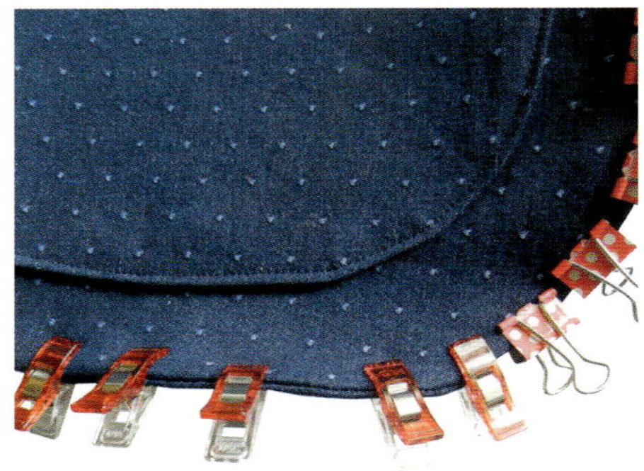
15

16. Die Futterteile von links mit Bügeleinlage verstärken und rechts auf rechts ebenso zusammennähen wie die Teile aus dem Oberstoff. Dabei am unteren Rand eine Öffnung zum Wenden lassen.

Nicht vergessen: Für das Futter betragen die Nahtzugaben 1 cm! (Bild 16)

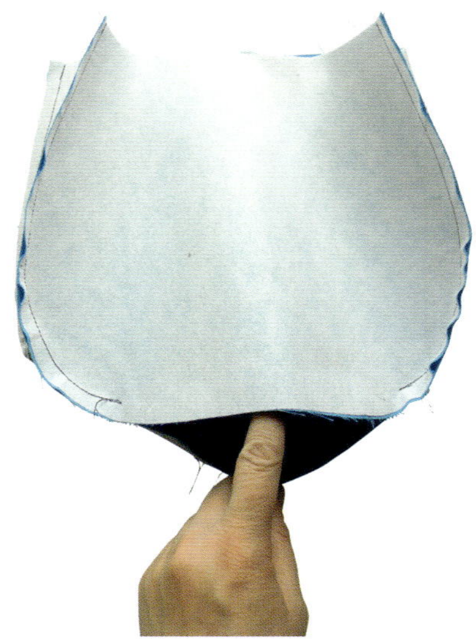
16

17. Den Oberstoff auf links wenden, das Futter auf rechts. Das Futter in den Oberstoff schieben. (Bild 17)

17

18. Die Klappe zwischen das Futter und den Oberstoff schieben. Die bedruckte Seite des Futters zeigt zum Oberstoff der Rückseite (das Teil ohne die Außentasche). (Bild 18)

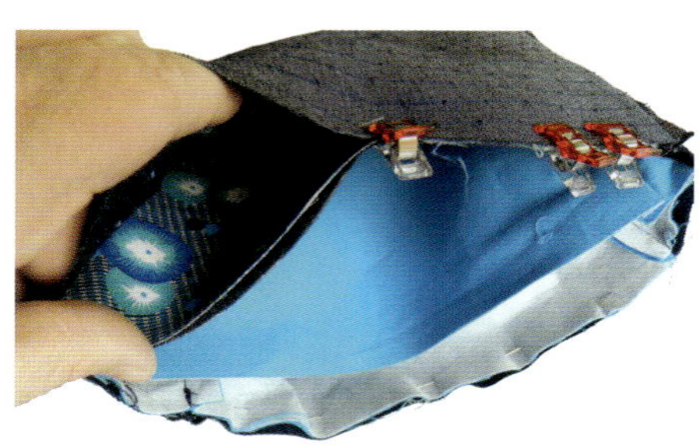
18

19. Rings um den oberen Rand zusammensteppen. **Zuvor vergewissern, dass die Schulterriemen nach unten gelegt sind, sodass sie in der Naht nicht mitgefasst werden!** (Bild 19)

19

20. Die Tasche durch die im Futter gelassene Öffnung wenden. Die Öffnung mit Saumstichen schließen (siehe Grundbegriffe des Nähens, S. 9) und das Futter in die Tasche schieben. Den oberen Rand ringsum schmalkantig absteppen. Falls dies aufgrund des verwendeten Materials schwierig ist, nur die vordere Oberkante absteppen. (Bild 20)

20

21. Den Verschluss von Hand in der Mitte der Klappe annähen. (Bild 21)

21

22. Das Gegenstück zum Magnetverschluss an der vorderen Außentasche befestigen. Dazu die Tasche befüllen und mithilfe des ersten Verschlussteils die Position des zweiten bestimmen. Mit Kreide eine Markierung anbringen und zwei kleine senkrechte Schlitze einschneiden, durch die Sie die Zacken des Verschlusses schieben. **Vorsicht, nicht durch den Oberstoff des Taschenbeutels stechen! Der Magnet wird nur an der Außentasche befestigt.** (Bild 22)

22

23. Die Kunststoffdruckknöpfe am Schulterriemen anbringen. Hängen Sie sich dazu die Tasche um und probieren Sie an sich aus, wo die Knöpfe sitzen sollen. **Zum problemlosen Verstellen müssen alle Druckknöpfe im exakt gleichen Abstand zueinander angebracht werden.** (Bild 23)

23

24. Die unteren Enden des Schulterriemens können Sie mit Sternchen-Snaps verzieren. (Bild 24)

24

Einkaufstasche Agathe

Einkaufstasche Agathe

Eine große Einkaufstasche, wasserdicht und abwaschbar, mit seitlichen Laschen zum Verstellen und vielen Fächern – perfekt für alle, die gerne Ordnung in ihrer Tasche haben. Auch für Ihre Spaziergänge der ideale Begleiter.

GRÖSSE: 30 x 38 cm

SCHWIERIGKEITSGRAD: *

MATERIAL:
– 1 m beschichteter/laminierter Stoff (oder Wachstuch) (je 50 cm in verschiedenen Farben/Dessins) für den Taschenbeutel, die Henkel, die vordere Außentasche mit Klappe, die rückwärtige Außentasche, die seitlichen Laschen zum Verstellen und die Schlaufen für die Vierkantringe
– 1 m Baumwolldruck für das Futter der vorderen Außentasche und ihrer Klappe, das Futter der rückwärtigen Außentasche und das Futter des Taschenbeutels
– 20 cm Bügeleinlage (Typ H250) für das Futter der vorderen Außentasche
– ein Reißverschluss, 40 cm lang, für die rückwärtige Außentasche
– 2 Vierkantringe (40 x 10 mm) für die seitlichen Laschen zum Verstellen
– 2 Kunststoffdruckknöpfe (Snaps) für die seitlichen Laschen und 2 Socket-Hälften von Kunststoffdruckknöpfen zum Verstellen, 1 Kunststoffdruckknopf für den Verschluss der rückwärtigen Außentasche
– 1 Mappenschloss von 22 x 33 mm für die vordere Außentasche

SCHNITTMUSTER:
Bogen B, grüne Linien

Nahtzugaben von 1 cm sind enthalten – außer bei der vorderen Außentasche und ihrer Klappe.
Die Henkel, die seitlichen Laschen, der Boden, die Seiten und die Schlaufen für die Ringe sind auf dem Schnittmuster nicht enthalten. Hierfür die angegebenen Maße verwenden.

An diesem Modell wird die rückwärtige Außentasche auf besondere Weise gearbeitet. Die Partie A genannte Vorderseite der Außentasche liegt unterhalb des Reißverschlusses. Partie B besteht aus dem oberen Teil der Vorderseite und dem Rücken der Außentasche, der hinter dem Reißverschluss liegt. Der Übergang von der Rückseite zur Vorderseite entsteht durch einen Umbruch.

Einen Teflonnähfuß verwenden!

Folgende Teile zuschneiden:

Taschenbeutel: aus beschichtetem Stoff 1 x Vorderseite, 1 x Rückseite, 2 Rechtecke à 12 x 32 cm (Seiten) und 1 Rechteck von 12 x 38 cm (Boden).

Futter: aus Baumwolldruck 1 x Vorderseite, 1 x Rückseite, 2 Rechtecke à 12 x 32 cm (Seiten) und 1 Rechteck von 12 x 38 cm (Boden).

Vordere Außentasche: Beschichteten Stoff rechts auf rechts auf den zuvor mit Vlieseline verstärkten Baumwolldruck legen. Den Umriss des Schnittteils Vordere Außentasche von links auf den beschichteten Stoff zeichnen. Außer am unteren Rand direkt auf der Linie zusammensteppen.

Klappe der vorderen Außentasche: Beschichteten Stoff rechts auf rechts auf den Baumwolldruck legen. Den Umriss des Klappenteils von links auf den beschichteten Stoff. Auf der Linie zusammensteppen, dabei am oberen Rand eine Öffnung zum Wenden lassen.

Henkel: aus beschichtetem Stoff 4 Streifen à 6 x 60 cm (je 2 Streifen aus den 2 verschiedenen Dessins).

Seitliche Laschen: aus beschichtetem Stoff 4 Streifen à 6 x 19 cm (je 2 Streifen pro Dessin).

Schlaufen für die Ringe: aus beschichtetem Stoff 4 Streifen à 6 x 6 cm (je 2 Streifen pro Dessin).

Rückwärtige Außentasche: aus beschichtetem Stoff und Baumwolldruck je 1 x Partie A und 1 x Partie B.

Anleitung:

1. Die Klappe der vorderen Außentasche vorbereiten wie oben (S. 96) beschrieben und mit Nahtzugabe zuschneiden. (Bild 1)

2. An den Rundungen der Nahtzugaben einkerben, durch die am oberen Rand gelassene Öffnung auf rechts wenden und, **außer am oberen Rand,** ringsum absteppen. (Bild 2)

3. Die vordere Außentasche vorbereiten wie oben (S. 96) beschrieben und mit Nahtzugabe zuschneiden. Außer am unteren Rand ringsum absteppen. (Bild 3)

4. Ecken der Nahtzugaben schräg abschneiden, Tasche auf rechts wenden. **Nur am oberen Rand** absteppen. (Bild 4)

5. Die Außentasche gemäß der Markierung auf dem Schnittmuster auf das Vorderteil des Taschenbeutels legen. Die Öffnung der Außentasche zeigt nach unten, die unteren Ränder von Vorderteil und Außentasche liegen kantenbündig. Am unteren Rand festklemmen, an den Seiten mit ablösbarem Klebeband fixieren, damit beim Nähen nichts verrutscht. Außentasche, außer am oberen Rand, ringsum aufsteppen. (Bild 5)

6. Die Klappe der Außentasche gemäß der Markierung auf dem Schnittmuster oberhalb der Außentasche auflegen. Am oberen Rand aufsteppen. Diese Naht schließt zugleich die zum Wenden in der Klappe gelassene Öffnung. (Bild 6)

7. Die Henkel vorbereiten. Die 6 x 60 cm großen Streifen aus beschichtetem Stoff rechts auf rechts aufeinanderlegen. An den Längsseiten zusammensteppen, auf rechts wenden und die Längsseiten absteppen. Beiseitelegen. (Bild 7)

7

1

2

3

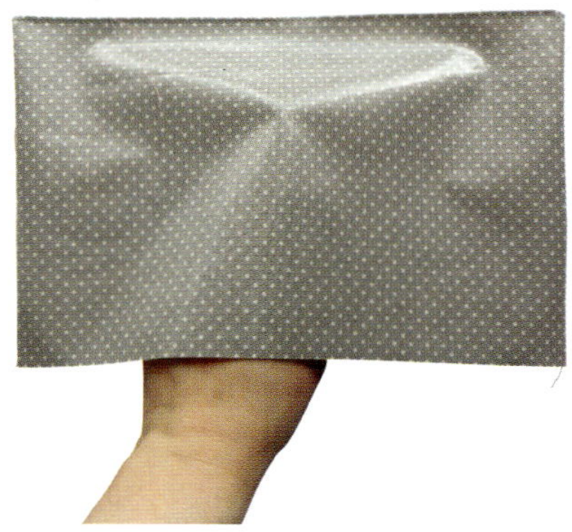
4

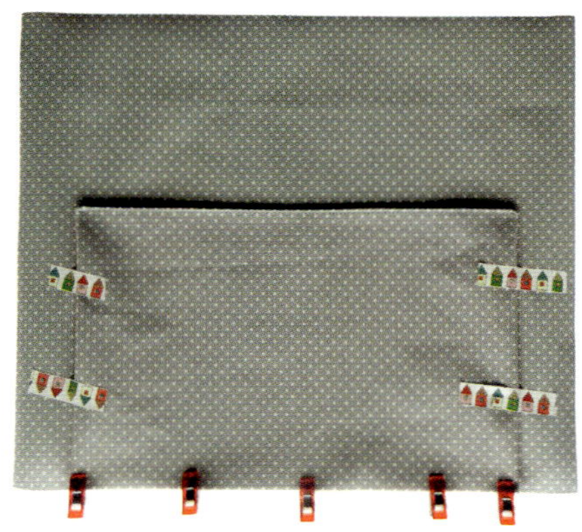
5

6

8. Die Partie B der rückwärtigen Außentasche mit der rechten Stoffseite nach oben legen. Den Reißverschluss rechts auf rechts kantenbündig an den oberen Rand des beschichteten Stoffes klemmen. Mit dem Reißverschlussfuß das Reißverschlussband, das näher an der Kante liegt, feststeppen. (Bild 8)

9. Partie B aus Futterstoff rechts auf links auf den Reißverschluss legen. **Auf der ersten Reißverschlussnaht** feststeppen. (Bild 9)

10. Das Futterteil B so wenden, dass es links auf links auf dem beschichteten Teil B liegt. (Bild 10)

11. Die Schritte 8 bis 10 mit dem anderen Reißverschlussband und den Teilen A der Tasche wiederholen. Den beschichteten Stoff entlang dem Reißverschluss knappkantig absteppen; diese Steppnaht verbindet zugleich Ober- und Futterstoff. **Für diesen Schritt einen Teflonnähfuß verwenden!** (Bild 11)

12. Das entstandene Teil links auf links so falten, dass die unteren Ränder kantenbündig aufeinanderliegen. Den Stoffbruch 0,5 cm von der Kante entfernt absteppen. (Bild 12)

13. Die rückwärtige Außentasche so auf die Taschenrückseite klemmen, dass die unteren Ränder kantenbündig liegen, und, außer am oberen Rand, ringsum 0,5 cm vom Rand aufsteppen. (Bild 13)

8

9

10

11

12

13

14. Jeweils zwei der 6 x 6 cm großen Stücke (für die Schlaufen mit den Ringen) rechts auf rechts legen. Längsseiten zusammensteppen, auf rechts wenden und die Längsseiten absteppen. Die entstandenen Streifen in der Mitte durchschneiden (quer), je einen Ring aufziehen und die Enden zusammensteppen. (Bild 14)

15. Die Schlaufen mit den Ringen rechts und links an den Rand der Taschenrückseite klemmen (siehe Markierung auf dem Schnittmuster) und 0,5 cm vom Rand feststeppen, um das spätere Zusammennähen zu erleichtern. (Bild 15)

16. Die seitlichen Laschen aus den 6 x 19 cm großen Streifen ebenso anfertigen wie die Schlaufen, jedoch zum Schluss bis auf eine Schmalseite ringsum absteppen. Die Laschen gemäß den Markierungen auf dem Schnittmuster an den Rand der Taschenvorderseite klemmen und 0,5 cm vom Rand feststeppen. (Bild 16)

17. Zuerst Boden und Vorderseite, dann Boden und Rückseite rechts auf rechts zusammensteppen. Die Nähte jeweils 1 cm vom Rand beginnen und beenden. (Bild 17)

18. Die Henkel gemäß den Markierungen festklemmen und die Enden 0,5 cm vom Rand feststeppen. Zur besseren Haltbarkeit mehrfach hin und her nähen. (Bild 18)

19. Die Stud-Hälfte des Druckknopfs an der rückwärtigen Außentasche befestigen. Analog dazu auch das Socket-Gegenstück anbringen. (Bild 19)

20. Die Seiten rechts auf rechts an den Boden steppen. Die Nähte jeweils 1 cm vom Rand beginnen und beenden. (Bild 20)

21. Die Seiten rechts auf rechts mit der Vorder- und Rückseite zusammennähen. (Bild 21)

14

15

16

17

18

19

20

21

22

22. Das Taschenfutter auf links ebenso zusammennähen wie den Oberstoff. Dabei nicht vergessen, am Boden des Futters eine Öffnung zum Wenden zu lassen! (Bild 22)

23

23. Die Tasche auf links wenden, das Futter auf rechts. Das Futter in die Tasche schieben. Die rechte Seite des Futters zeigt zur rechten Seite des beschichteten Stoffes. (Bild 23)

24. Am oberen Rand mit Klammern heften und ringsum zusammensteppen, besonders an den Henkeln, damit diese besser halten. (Bild 24)

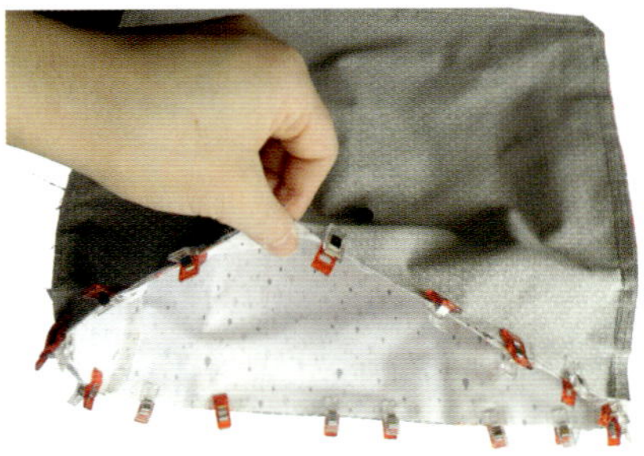
24

25. Durch die im Futter gelassene Öffnung wenden, die Öffnung mit Saumstichen schließen (siehe Grundbegriffe des Nähens, S. 9) und das Futter in die Tasche schieben. (Bild 25)

26. Den oberen Rand ringsum knappkantig absteppen. **Den Teflonfuß verwenden!** (Bild 26)

25

27. Den Mappenverschluss mittig an der Klappe der vorderen Außentasche befestigen. **Vorsicht, dabei nicht durch die Steppnaht stechen!** (Bild 27)

28. Die Kunststoffdruckknöpfe an den seitlichen Laschen zum Verstellen anbringen. Die schwarze Stud-Hälfte sitzt 2 cm neben dem losen Ende, das Socket-Gegenstück 2 cm neben dem befestigten Ende. Den Abstand können Sie verändern, wenn der Zug der Lasche lockerer oder fester sein soll. (Bild 28)

26

29. An der Vorderseite 4 cm unterhalb der Oberkante die Löcher für die transparenten Kunststoffdruckknöpfe anbringen. Die Knöpfe anbringen. (Bilder 29 und 30)

Dazu die Markierungen auf dem Schnittmuster beachten.

27

28

29

30

Umhängetasche Eisbär

Umhängetasche Eisbär

Ein süßes Täschchen mit originellem Guckloch.

Grösse: 25 x 24 cm

Schwierigkeitsgrad: *

Material:
- 1 m Baumwolldruck für das Futter und den Schulterriemen
- 1 kleines Stück (12 x 12 cm) Klarsichtfolie/transparentes Wachstuch für das Fenster
- 20 cm weißes Kunstleder für die Bärenapplikation und den Reflex auf der Nase
- 2 Socket-Hälften schwarzer Kunststoffdruckknöpfe (Snaps) für die Augen
- 4 komplette Kunststoffdruckknöpfe (Snaps) für den Schulterriemen
- ein Stückchen schwarzes Kunstleder für die Nase
- etwas Textilkleber zum Aufkleben des weißen Reflexes auf der Nase und der grünen Blätter
- 2 Knopfnieten mit Schraubschaft zum Schließen der Laschen
- 1 kleines Stück braunes Leder für die Laschen („Äste")
- 1 kleines Stück grünes Leder für die Blätter an den Ästen
- 1 kleines Rechteck (5 x 6 cm) aus weichem Leder für die Schlaufen mit den Vierkantringen
- 2 Vierkantringe von 25 x 10 mm

Schnittmuster:
Bogen A, türkisfarbene Linien

Nahtzugaben von 1 cm sind enthalten.
Nur der Schulterriemen und die Schlaufen für die Ringe sind auf dem Schnittmusterbogen nicht enthalten. Hierfür die angegebenen Maße verwenden.
Für die Bärenapplikation alle Schnittteile von links auf das Kunstleder und von rechts auf die Klarsichtfolie übertragen und direkt auf der Linie ausschneiden.
Für die Laschen („Äste") und die Blätter ebenso vorgehen.
Bedenken Sie, dass das Futter durch das Fenster im Bauch des Bären zu sehen ist. Wählen Sie daher ein Futter, das gut zum Oberstoff passt. Lassen Sie Ihrer Fantasie freien Lauf!

Folgende Teile zuschneiden:
Oberstoff: aus Canvas 1x Vorderseite, 1x Rückseite und 1x Klappe.
Futter: aus Baumwolldruck 2x Vorderseite, 1x Rückseite und 1x Klappe.
Bärenapplikation: aus weißem Kunstleder 1x Kopf, 1x Körper, 2x Arme, 2x Beine und 1x Reflex (Nase). Aus schwarzem Kunstleder 1x Nase. Aus Klarsichtfolie 1x Klarsichtfenster.
Laschen (Äste): aus Leder 2x Ast, **spiegelbildlich!**, und fünf Blätter.
Schlaufen für die Ringe: aus Leder 2 Rechtecke à 2,5 x 6 cm.
Schulterriemen: aus Baumwolldruck 1 Streifen von 10 x 130 cm.

Anleitung:

1. Den Bärenkopf aus Kunstleder gemäß der Markierung auf dem Schnittmuster auf die Taschenklappe legen. Damit die Applikation beim Aufnähen nicht verrutscht, empfehle ich, sie mit wieder ablösbarem Klebeband zu fixieren, das Sie beim Nähen nach und nach entfernen. Den Kopf auf die Klappe steppen; dabei einen **Teflonnähfuß** verwenden. Gemäß dem Schnittmuster die Socket-Hälften der Kunststoffdruckknöpfe (Augen) anbringen. Mit Textilkleber den weißen Reflex auf die Nase kleben und die Nase auf den Bärenkopf aufkleben. (Bild 1)

2. Das Klappenfutter aus Baumwollstoff rechts auf rechts auf den Klappenoberstoff legen. Hier verwende ich ziemlich dicken Baumwollstoff; wenn Sie jedoch leichteren Stoff verwenden, rate ich Ihnen, ihn von links mit Bügeleinlage zu verstärken. Außer am oberen Rand ringsum zusammensteppen. Rundungen der Nahtzugaben einkerben. (Bild 2)

3. Auf rechts wenden und, außer am oberen Rand, 0,5 cm von der Kante absteppen. Beiseitelegen. (Bild 3)

4. Zwei der drei Futterteile aus Baumwollstoff rechts auf rechts legen und ringsum abstecken. Auf das Vorderteil (Oberstoff) gemäß Schnittmuster den ovalen Umriss der Öffnung im Bauch aufzeichnen. Das Innere des Ovals mit einer Schere ausschneiden. (Bild 4)

5. Den Oberstoff auf die zusammengesteckten Futterteile legen und den Umriss des ausgeschnittenen Ovals aufzeichnen. Dieses Oval dient als Hilfslinie. (Bild 5)

6. Im Abstand von ca. 2 cm ein weiteres Oval um das erste herumzeichnen. (Bild 6)

1

2

3

4

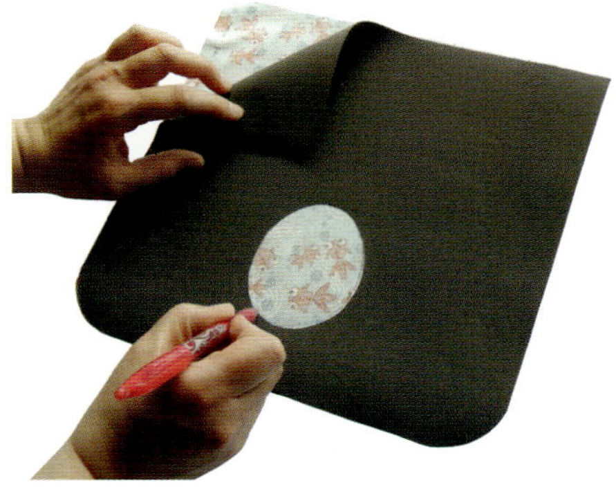
5

6

7. Die Futterteile direkt auf dem größeren Oval zusammensteppen, das Innere (kleines Oval) ausschneiden und die Rundung ringsum einkerben. (Bild 7)

8. Die Stecknadeln entfernen. Das hintere Futterteil so durch die Ovalöffnung ziehen, dass die Futterteile links auf links liegen. (Bild 8)

9. Die beiden Futterteile bilden nun ein Teil, dessen Ränder genau übereinanderliegen. Am besten gut bügeln, damit alles schön glatt liegt. Das Ovalinnere ringsum knappkantig absteppen. (Bild 9)

10. Das dritte Futterteil unter das doppelte Teil legen wie abgebildet. Die Teile, außer am oberen Rand, ringsum zusammensteppen; dabei am unteren Rand eine Öffnung zum Wenden lassen. (Bild 10)

11. Das Klarsichtfenster aus Folie/Wachstuch auf die Öffnung im Taschenvorderteil (Oberstoff) legen und 0,5 cm vom Rand feststeppen. (Bild 11)

12. Den Körper des Bären so auflegen, dass sich die Öffnung im Bauch genau mit der Öffnung im Taschenvorderteil deckt. (Bild 12)

13. An Innenkante (Öffnung) und Außenkante des Körpers knappkantig aufsteppen. (Bild 13)

14. Arme und Beine des Bären mit einem Tropfen Textilkleber auf den Körper kleben und an den Rändern ringsum feststeppen. (Bild 14)

7

8

9

10

11

12

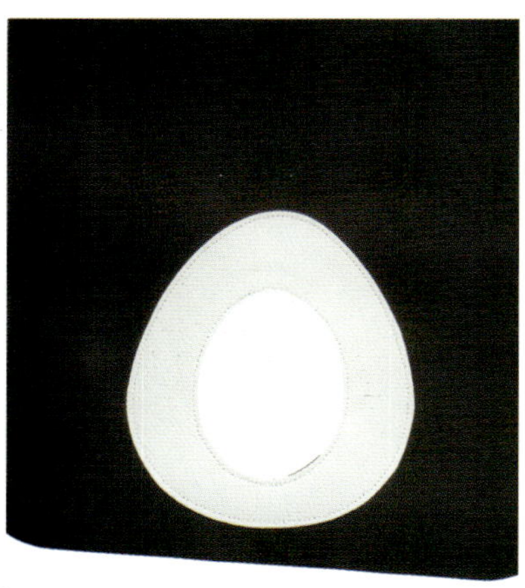
13

14

15. Je einen Ring auf die 2,5 x 6 cm großen Lederschlaufen ziehen, die Schlaufen in der Mitte falten und die Enden grob zusammensteppen. (Bild 15)

16. Die Schlaufen mit den Ringen gemäß den Markierungen auf dem Schnittmuster von rechts auf den oberen Rand der Taschenrückseite legen und 0,5 cm von der Kante feststeppen, um das spätere Zusammennähen zu erleichtern. (Bild 16)

17. Die Laschen („Äste") aus Leder gemäß Schnittmuster auf die Taschenvorderseite klemmen und 0,5 cm von den seitlichen Rändern feststeppen. (Bild 17)

18. Vorder- und Rückseite der Tasche rechts auf rechts aufeinanderlegen und, außer am oberen Rand, ringsum zusammensteppen. Rundungen der Nahtzugaben einkerben. (Bild 18)

19. Die Klappe in den Oberstoff schieben, sodass die Seite mit dem Bärenkopf zur Außenseite des Taschenrückens zeigt. Taschenrücken und Klappe am oberen Rand zusammenstecken. **Tipp: Damit die Klappe schön in der Mitte sitzt, die Mitte des oberen Randes von Klappe und Taschenrücken markieren und darauf achten, dass die Markierungen beim Zusammennähen genau übereinanderliegen.** (Bild 19)

20. Das Taschenfutter auf rechts wenden. (Bild 20)

21. Das auf rechts gewendete Futter in die auf links gewendete Tasche schieben. Die Seite mit der Öffnung im Futter muss zur Seite mit der Öffnung im Oberstoff zeigen. Rings um den oberen Rand zusammensteppen (Futter und Klappe und Oberstoff); an den Schlaufen mit den Ringen mehrfach hin und her nähen. (Bild 21)

15

16

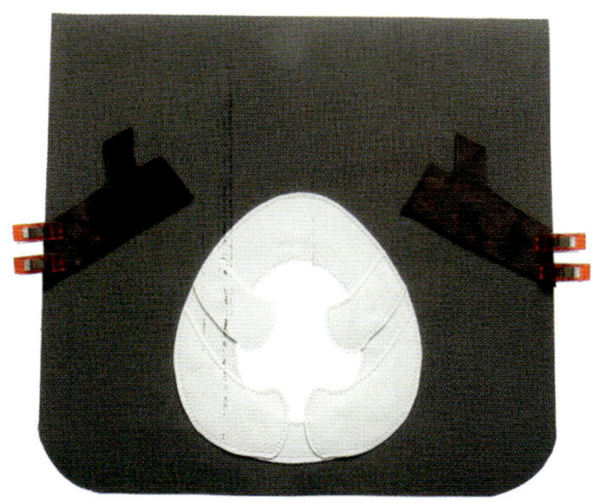
17

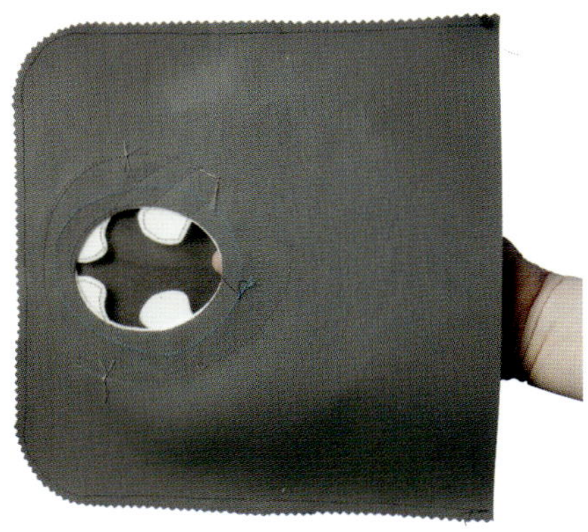
18

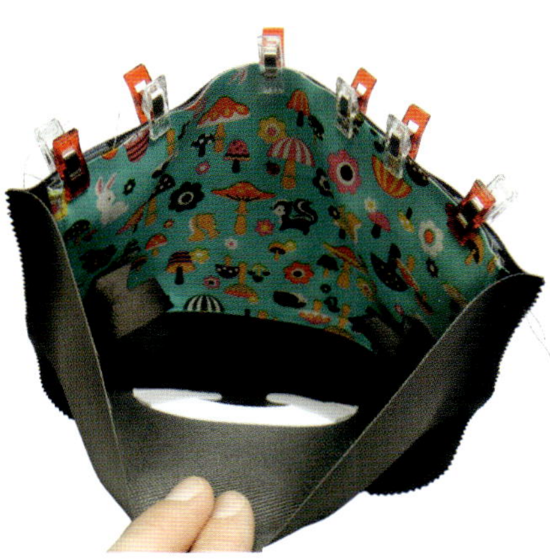
19

20

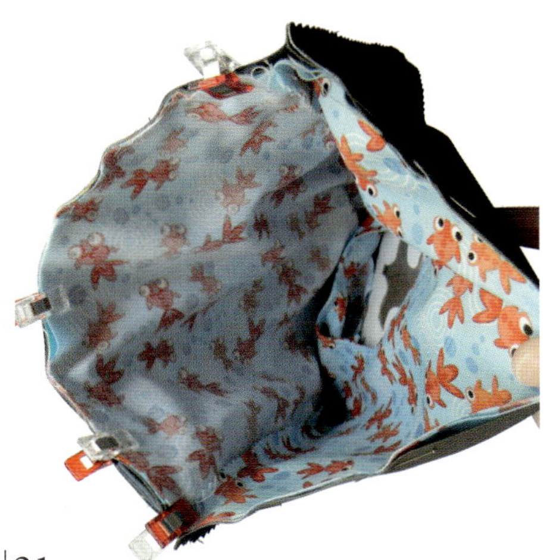
21

22. Das Futter aus der Tasche ziehen. (Bild 22)

23. Die Tasche durch die im Futter gelassene Öffnung auf rechts wenden. Die Öffnung unauffällig mit Saumstichen schließen (siehe Grundbegriffe des Nähens, S. 9) und das Futter wieder in die Tasche schieben. (Bild 23)

24. Den 10 x 130 cm großen Streifen für den Schulterriemen an den Schmalseiten jeweils 1 cm einschlagen. Die Längsseiten zur Mitte falten, den Streifen nochmals längs in der Mitte falten wie ein Schrägband. Es entsteht ein vierlagiger Streifen von 2,5 x 128 cm. Den Schulterriemen ringsum knappkantig absteppen. (Bild 24)

25. Die Blätter mit etwas Textilkleber auf die Lederlaschen kleben. Mit einer Lochzange gemäß der Markierung auf dem Schnitt in jede Lederlasche ein Loch stanzen. Das Loch muss etwas kleiner sein als der Kopf der Knopfniete. Mit der Zeit wird es sich etwas weiten. (Bild 25)

26. Mithilfe der Löcher in den Laschen die Position der Knopfnieten auf der Klappe markieren. Löcher in die Klappe stanzen und die Knopfnieten anbringen. Ein Tropfen Kleber auf der Schraube sorgt dafür, dass die Niete sich durch den Gebrauch nicht lockert. (Bild 26)

27. Die Kunststoffdruckknöpfe zur Befestigung des Schulterriemens anbringen wie abgebildet. Fertig ist Ihre Tasche! (Bild 27)

22

23

24

25

26

27

Schultertasche Cléa

Schultertasche Cléa

Eine kleine Handtasche, die an eine geräumige Clutch erinnert – perfekt für die Stadt!

GRÖSSE: 24 x 30 cm

SCHWIERIGKEITSGRAD: *

MATERIAL:
– 50 cm Kunstleder für den Taschenbeutel, das Futter der Klappe, die Schlaufen für die Ringe und die vordere Außentasche
– 1 m Baumwoll- und/oder Liberty-Stoff für die Klappe, das Futter der vorderen Außentasche, das äußere Vorderteil des Taschenbeutels., den Schulterriemen und das Futter. Im abgebildeten Modell habe ich beide Stoffe verarbeitet, doch Sie können auch nur Liberty- oder nur Baumwollstoff verwenden
– ein kleines Stück Leder für die Quaste an der Klappe
– 40 cm dünnes Volumenvlies zum Aufbügeln für das vordere und rückwärtige Futter (falls nicht vorhanden, können Sie auch nicht aufbügelbares Vlies verwenden)
– 40 cm Bügeleinlage (Typ H250) für die Außenseite der Klappe, das Futter der vorderen Außentasche und das äußere Vorderteil des Taschenbeutels
– 2 Vierkantringe à 30 x 13 mm
– 1 Magnetverschluss zum Verschließen der Klappe
– 4 Kunststoffdruckknöpfe für den Schulterriemen
– Textilkleber zum Ankleben der Lederquaste

SCHNITTMUSTER:
Nahtzugaben von 1 cm sind enthalten.
Bogen C, grüne Linien

Dieses Modell hat einen doppelten vorderen Taschenbeutel – einen aus Kunstleder und einen aus Liberty-Stoff. Das Vorderteil aus Kunstleder sieht man nicht, doch es gibt der Tasche Halt. Die Vorderseite aus Liberty ist teilweise sichtbar; dadurch entsteht zusammen mit der Klappe der Wolkeneffekt.
Die Seiten, der Boden, der Schulterriemen und die Innenfächer des Futters sind auf dem Schnittmuster nicht enthalten. Zum Zuschneiden die angegebenen Maße verwenden.

Folgende Teile zuschneiden:
Klappe: aus Kunstleder und Vlieseline und Liberty-Stoff je 1x Klappe.
Vordere Außentasche: aus Kunstleder und Vlieseline und Liberty-Stoff je 1x vordere Außentasche.
Taschenbeutel: aus Kunstleder 1x Vorderseite, 1x Rückseite. Aus Liberty-Stoff und Vlieseline je 1x Vorderseite. Aus Kunstleder 1 Boden von 7 x 32 cm und 2 Seitenteile à 7 x 26 cm.
Futter: aus Baumwolldruck und Volumenvlies zum Aufbügeln je 1x Vorderseite und 1x Rückseite. Aus Baumwolldruck 1 Boden von 7 x 32 cm und 2 Seitenteile à 7 x 26 cm. Aus Baumwolldruck 1 Rechteck von 30 x 32 cm (H x B) für die Innenfächer im Futter.
Quaste an der Klappe: aus Leder 1 Rechteck von 7 x 13 cm.
Schlaufen für die Ringe: aus Kunstleder 2 Streifen à 3 x 8 cm.
Schulterriemen: aus Baumwolldruck 1 Streifen von 12 x 130 cm.

Anleitung:

1. Den Magnetverschluss gemäß der Markierung auf dem Schnittmuster am Futter der Klappe anbringen. Die magnetische Seite befindet sich auf der rechten Seite des Kunstleders. (Bild 1)

2. Aus dem Kunstleder einen kleinen Streifen von 1 x 18 cm zuschneiden. (Bild 2)

3. Das Klappenteil aus Liberty-Stoff von links mit Bügeleinlage verstärken. Das Klappenfutter aus Kunstleder rechts auf rechts darauflegen. Den schmalen Streifen links auf links in der Mitte falten und in der Mitte der gerundeten Spitze der Klappe festklemmen. Der Stoffbruch liegt unter der Klammer. Ringsum mit Klammern fixieren. (Bild 3)

4. Außer am oberen Rand ringsum zusammensteppen. Rundungen einkerben. (Bild 4)

5. Auf rechts wenden, bügeln und knappkantig absteppen. (Bild 5)

6. Das Futter der vorderen Außentasche aus Liberty-Stoff von links mit Bügeleinlage verstärken. Das Außentaschenteil aus Kunstleder bereitlegen. (Bild 6)

7. Die beiden Teile rechts auf rechts aufeinanderlegen. **Nur an den Rundungen der Tascheneingriffe zusammensteppen.** Rundungen der Nahtzugaben einkerben. (Bild 7)

8. Auf rechts wenden und von der Futterseite her bügeln; dabei gut die Rundungen der Tascheneingriffe ausbügeln. Diese Rundungen knappkantig absteppen. (Bild 8)

1

2

3

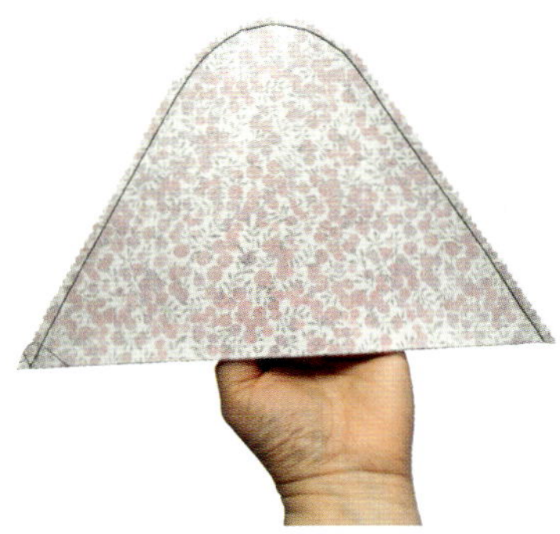
4

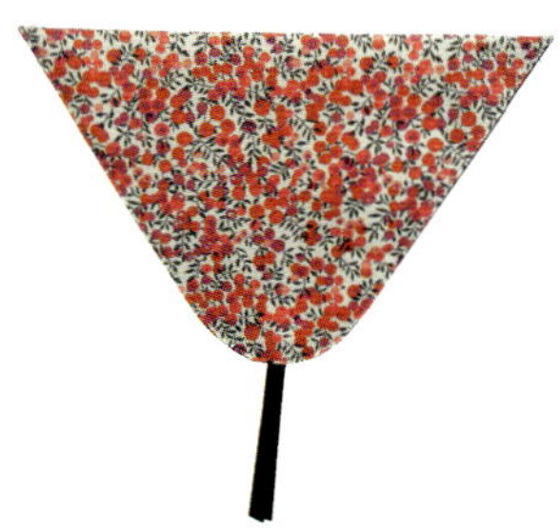
5

6

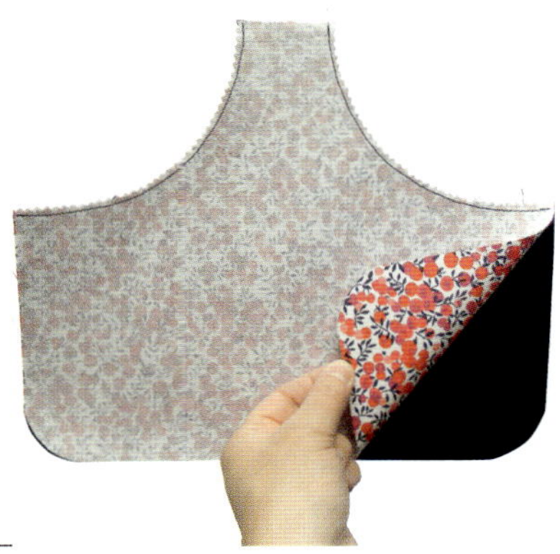
7

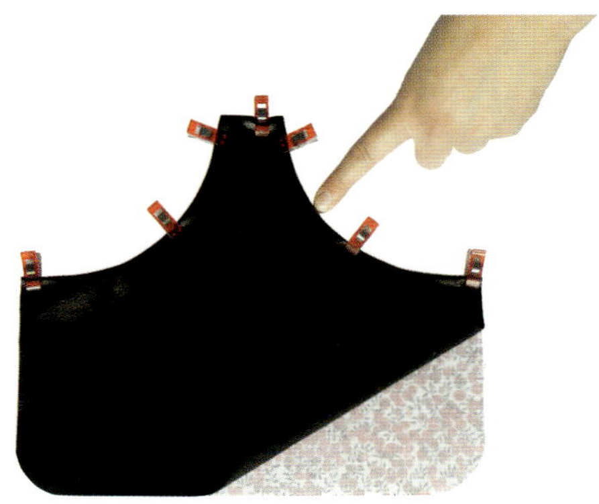
8

9. Das Vorderteil des Taschenbeutels aus Liberty-Stoff von links mit Bügeleinlage verstärken und **links auf rechts** auf das Vorderteil des Taschenbeutels aus Kunstleder legen. (Bild 9)

10. Das zuvor angefertigte Außentaschenteil auf das Taschenbeutelteil aus Liberty-Stoff legen. (Bild 10)

11. Ringsum mit Klammern fixieren und 0,5 cm vom Rand zusammensteppen (erleichtert das spätere Zusammennähen). (Bild 11)

12. Die Kunstlederstreifen für Boden und Seiten bereitlegen. (Bild 12)

13. Die Seitenteile an den Schmalseiten rechts auf rechts an den Boden steppen. Es entsteht ein Streifen von 7 × 80 cm. (Bild 13)

14. Die beiden Streifen à 3 × 8 cm für die Schlaufen mit den Ringen rechts auf rechts falten und die Ringe aufziehen. (Bild 14)

15. Die Schlaufen mittig an den umlaufenden Streifen steppen (Oberkante 2,5 cm vom Rand der Schmalseiten). Für ein sauberes Ergebnis Nähgarn Ton in Ton auswählen. (Bild 15)

16. Das Seiten- und Bodenteil rechts auf rechts an das Vorderteil klemmen und feststeppen. Damit der Streifen gerade sitzt, die Mitte der Unterkante des Vorderteils und die Mitte des Streifens markieren und die Markierungen genau aufeinanderlegen. (Bild 16)

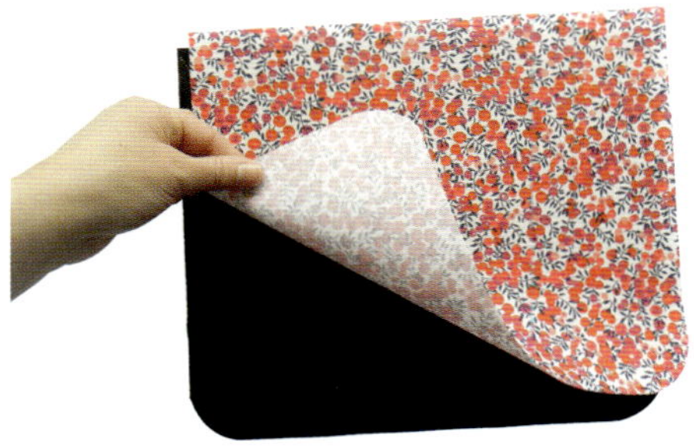
9

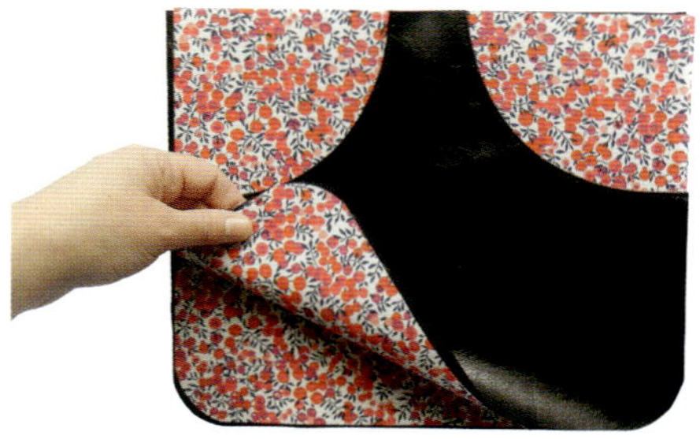
10

11

12

13

14

15

16

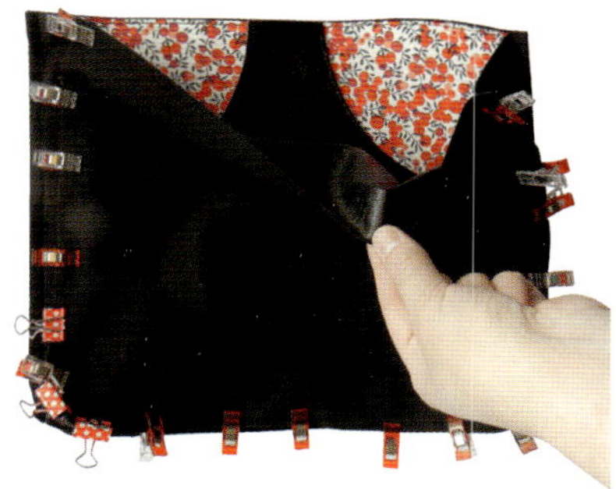
17

17. Die Taschenrückseite rechts auf rechts an das Seiten- und Bodenteil steppen; dabei in der unteren Mitte beginnen. Der äußere Taschenbeutel ist nun fertig. (Bild 17)

18

18. Die Futterteile vorbereiten. Vorder- und Rückseite von links mit Volumenvlies zum Aufbügeln verstärken. Die Seiten und den Boden nicht verstärken. (Bild 18)

19

19. Das Innenfach des Futters vorbereiten. Dazu das Rechteck von 30 × 32 cm links auf links der Länge nach in der Mitte falten. Es entsteht ein Rechteck von 15 × 32 cm. Am Stoffbruch knappkantig absteppen. (Bild 19)

20

20. Das Innenfach auf das rückwärtige Futterteil legen (untere Ränder kantenbündig). Mit auswaschbarem Stift eine senkrechte Linie zur Markierung der Mitte des Innenfachs ziehen. (Bild 20)

21

21. Entlang der Mittellinie auf das rückwärtige Futter aufsteppen. (Bild 21)

22. Das Futter mit der Vliesseite nach oben legen und den überstehenden Stoff an den unteren Ecken abschneiden, sodass sie abgerundet sind. (Bild 22)

22

23. Schritt 13 mit den Seiten und dem Boden des Futters wiederholen. (Bild 23)

24. Die Mitte der Teile markieren und das Seiten- und Bodenteil rechts auf rechts an das rückwärtige Futter steppen. (Bild 24)

25. Das Vorderteil rechts auf rechts an das Seiten- und Bodenteil steppen. Am unteren Rand eine Öffnung zum Wenden lassen. (Bild 25)

23

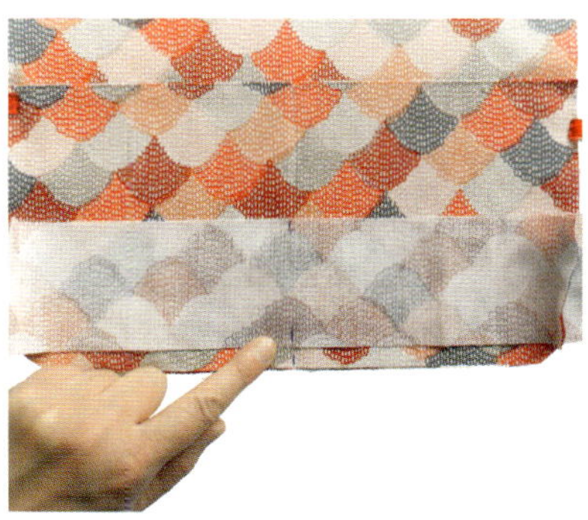
24

25

26. Das Futter ist fertig. (Bild 26)

27. Das Futter auf rechts wenden, den äußeren Taschenbeutel auf links. (Bild 27)

28. Das Futter rechts auf rechts in den Taschenbeutel schieben. (Bild 28)

29. Die Klappe zwischen Futter und rückwärtigem Taschenbeutel schieben. Die Klappenseite aus Liberty-Stoff zeigt zur rechten Stoffseite der Taschenrückseite. (Bild 29)

30. Am oberen Rand ringsum festklemmen (Taschenbeutel, Futter und Klappe) und zusammensteppen. (Bild 30)

31. Die Tasche durch die im Futter gelassene Öffnung auf rechts wenden. Die Öffnung unauffällig schließen und das Futter wieder in die Tasche schieben. (Bild 31)

32. Auf das 7 x 13 cm große Rechteck aus Leder 2 cm vom oberen Rand von links eine waagrechte Linie ziehen. Unter dieser in gleichmäßigem Abstand senkrechte Linien ziehen. Auf den senkrechten Linien einschneiden, dabei an der waagrechten Linie enden. (Bild 32)

33. Die Lederquaste um die beiden schmalen Streifen rollen, die aus der Klappe hervorschauen. Am Anfang und Ende einen Tropfen Kleber anbringen, um die Quaste zusammenzukleben. Wenn die Fransen zu lang sind, können Sie sie nach dem Rollen abschneiden. (Bild 33)

26
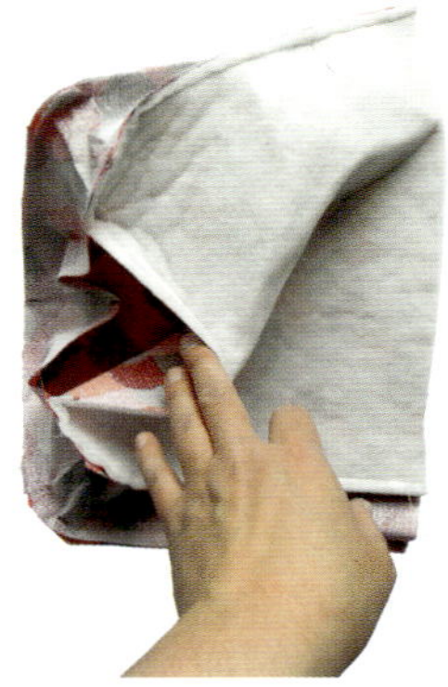

27

28

29

30

32

33

31

34. Die Tasche befüllen und analog zum Magnetverschlussteil mit Knauf an der Klappe das Gegenstück an der Tasche anbringen.

Vorsicht, das Verschlussteil mit Vertiefung nur an der Außentasche anbringen, nicht an Außentasche und Taschenbeutel! Beim Einschneiden der Schlitze für den Verschluss am besten ein Heft zwischen Außentasche und Taschenbeutel legen, um nicht aus Versehen den Taschenbeutel mit einzuschneiden. (Bild 34)

35. Den 12 x 130 cm großen Streifen aus Baumwolldruck für den Schulterriemen an den Schmalseiten jeweils 1 cm einschlagen, dann die Längsseiten zur Mitte falten wie bei einem Schrägband. Nochmals längs falten. Es entsteht ein vierlagiger Streifen von 3 x 128 cm. Diesen ringsum absteppen.

Wenn Sie keinen genügend langen Stoffstreifen haben (z. B. bei amerikanischen Baumwollstoffen, die 110 cm breit liegen), nehmen Sie zwei Streifen à 12 x 66 cm und nähen Sie zwei Enden zusammen. (Bild 35)

36. Den Schulterriemen durch die Vierkantringe ziehen und an jedem Ende zwei Kunststoffdruckknöpfe befestigen. (Bild 36)

34

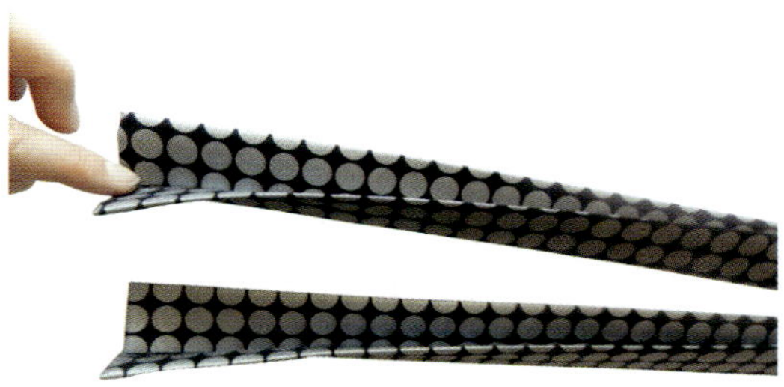

35

36

Tragetasche Haus des Glücks

Tragetasche Haus des Glücks

Eine Tragetasche in Form eines Häuschens – für alle, die es originell und fantasievoll lieben.

Grösse: 38 × 25 cm

Schwierigkeitsgrad: *

Material:
– 50 cm beschichteter Stoff für Oberstoff und Henkel
– 50 cm Bügeleinlage (Typ H250) für das Futter
– 50 cm Baumwolldruck für das Futter
– Diverse Reste von Baumwolldruck für das Dach und den Schornstein
– Diverse Reste von Kunstleder für den Fensterrahmen, den Ast, die Bätter, den Hocker der Katze und den Pfosten des Briefkastens
– Diverse Reste von beschichtetem Stoff für Fenster, Briefkasten und Katze

Schnittmuster:
Nahtzugaben von 0,75 cm sind enthalten..
Bogen C, violette Linien

An diesem Modell sind nur die Maße der Henkel nicht auf dem Schnittmuster enthalten. Diese anhand der angegebenen Maße zuschneiden.
Der Henkel auf dem Schnittmuster dient als Vorlage für die Abschrägung an den Schmalseiten. Wenn Sie die Henkel in der angegebenen Größe zusammengenäht haben, verwenden Sie zum Abschrägen der Schmalseiten **als Hilfsmittel** die Vorlage.
Wenn Sie die Tasche aus beschichtetem Stoff nähen wollen, empfehle ich, unbedingt einen Teflonnähfuß zu verwenden.

Folgende Teile zuschneiden:
Oberstoff: aus beschichtetem Stoff 1 × Vorderseite und 1 × Rückseite.
Futter: aus Baumwolldruck und Bügeleinlage je 1 × Vorderseite und 1 × Rückseite.
Henkel: aus beschichtetem Stoff 1 Streifen von 12 × 60 cm für den rückwärtigen Streifen ohne Schornstein und 1 Streifen von 12 × 55 cm für den vorderen Henkel mit Schornstein. Aus Baumwolldruck 1 Streifen von 12 × 7 cm für den Schornstein.
Dach: aus Baumwolldruck 2 Streifen à 8 × 23 cm.
Applikationen: Umrisse von links auf Kunstleder und beschichteten Stoff zeichnen und direkt auf den Linien ausschneiden.

Beim Aufzeichnen der Umrisse die Richtung beachten! Wenn die Spitze des Astes später nach rechts zeigen soll, muss sie beim Aufzeichnen auf der linken Stoffseite nach links zeigen!

Anleitung:

1. Die beiden 8×23 cm großen Streifen Baumwollstoff für das Dach links auf links der Länge nach falten. Bügeln. Es entstehen zwei Streifen à 4×23 cm. (Bild 1)

2. Die Taschenvorderseite (Oberstoff) bereitlegen. (Bild 2)

3. Auf der rechten Stoffseite am linken oberen Rand den ersten Dachstreifen kantenbündig auflegen. Der Stoffbruch liegt nicht an der Kante, sondern gegenüber. Ich empfehle Ihnen, den Stoff mit Klammern zu fixieren, damit der Streifen nicht verrutscht. Entlang der Kante feststeppen. (Bild 3)

4. Die Taschenvorderseite auf links umdrehen und die überstehenden Enden des Streifens abschneiden. (Bild 4)

5. Die zweite Längsseite des Dachstreifens entlang dem Stoffbruch auf die Taschenvorderseite steppen. (Bild 5)

6. Den zweiten Dachstreifen auf der rechten Seite auflegen wie den ersten. Schritt 3 und 4 wiederholen. (Bild 6)

7. Die zweite Längsseite des rechten Dachstreifens auf die Taschenvorderseite steppen. (Bild 7)

8. Damit ist das Dach fertig. (Bild 8)

1

2

3

4

5

6

7
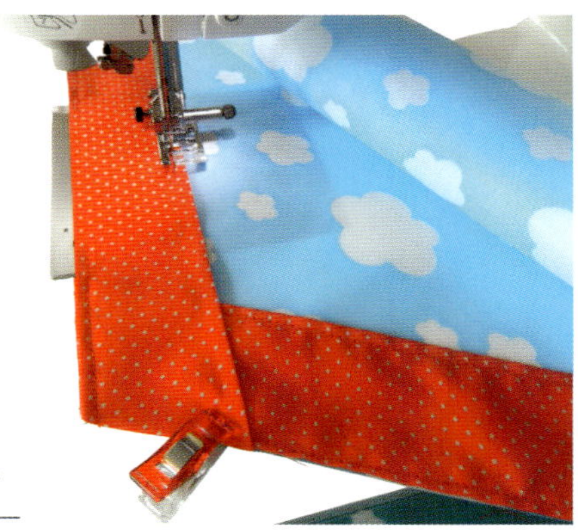

8

9. Die beiden Fenster gemäß der Anordnung auf dem Schnittmuster auflegen. Ich empfehle Ihnen, sie mit wieder ablösbarem Klebeband zu fixieren, das Sie beim Aufnähen nach und nach entfernen. Stecknadeln würden im beschichteten Stoff Löcher hinterlassen. Entlang den Kanten aufsteppen. (Bild 9)

10. Zuerst den Umriss der Fensterscheibe von links auf das Kunstleder zeichnen, dann das Fensterkreuz. In vier Teile schneiden. (Bild 10)

11. Bei der zweiten Fensterscheibe ebenso vorgehen. Es entstehen 2x vier Fensterscheiben. (Bild 11)

12. Die Fensterscheiben auf die Fenster legen. Ich empfehle Ihnen, von links einen kleinen Tropfen Kleber auf jede Fensterscheibe zu geben, um sie beim Aufnähen zu fixieren. Jede der kleinen Scheiben einzeln ringsum aufsteppen, dazu den Teflonfuß und Nähgarn im Farbton des Kunstleders verwenden.

13. Den Ast auflegen und ringsum knappkantig feststeppen. Die Blätter auflegen, hier jedoch nur die mittlere Blattrippe aufsteppen, damit die Blätter nicht verrutschen. (Bild 13)

14. Den Hocker, die Katze und den Briefkasten aufsteppen. (Bild 14)

15. Den 12 x 55 cm großen Streifen aus beschichtetem Stoff für den Henkel und den 12 x 7 cm großen Streifen aus Baumwolldruck für den Schornstein am Henkel an einer Schmalseite rechts auf rechts aneinandersteppen. Die Nahtzugabe bei dieser Naht (**nur bei dieser!**) beträgt 1 cm. (Bild 15)

9

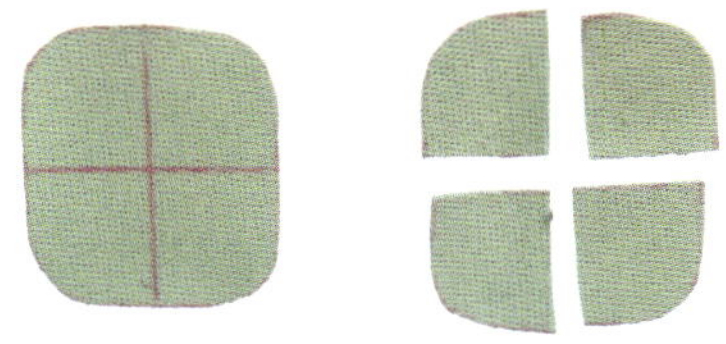
10

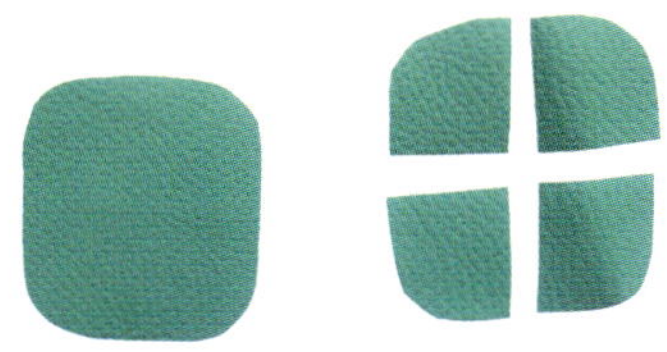
11

12

13

14

15

16. Die Naht von rechts auf dem Baumwollstoff knappkantig absteppen. Es entsteht ein Streifen von 12 x 60 cm. (Bild 16)

17. Die Längsseiten dieses Streifens zur Mitte falten wie ein Schrägband, den Streifen dann nochmals längs falten. Es entsteht ein vierlagiger Streifen von 3 x 60 cm. An den Längsseiten absteppen. Den 12 x 60 cm großen Streifen für den zweiten Henkel ebenso falten und absteppen. (Bild 17)

18. Die Schmalseiten der Henkel gemäß der Vorlage auf dem Schnittmuster abschrägen. (Bild 18)

19. Den Henkel mit dem Schornstein auf das Taschenvorderteil legen wie abgebildet (gemäß der Vorlage auf dem Schnittmuster). Festklemmen und 0,5 cm vom Rand feststeppen, um das spätere Zusammennähen zu erleichtern. (Bild 19)

20. Den Henkel ohne Schornstein auf die Taschenrückseite auflegen und festklemmen wie abgebildet und die Schmalseiten ebenfalls 0,5 cm vom Rand feststeppen. (Bild 20)

21. Vorder- und Rückseite der Tasche rechts auf rechts aufeinanderlegen. An den Seiten und am unteren Rand zusammensteppen. (Bild 21)

22. Vorder- und Rückseite des Futters von links mit Bügeleinlage verstärken, rechts auf rechts aufeinanderlegen und feststecken oder mit Klammern fixieren. (Bild 22)

16

17

18

19

20

21

22

23. An den Seiten und am unteren Rand zusammensteppen; dabei am unteren Rand eine Öffnung zum Wenden lassen. (Bild 23)

24. Den Taschenbeutel auf links wenden, das Futter auf rechts. (Bild 24)

25. Das Futter auf rechts in den auf links gewendeten Taschenbeutel schieben. Die Henkel nach innen schieben. Sie liegen zwischen dem Oberstoff und dem Futter. Die abgeschrägten Oberkanten von Futter und Oberstoff zusammenklemmen und aneinandersteppen. (Bild 25)

26. Die Tasche durch die im Futter gelassene Öffnung auf rechts wenden. Die Öffnung unauffällig mit Saumstichen schließen (siehe Grundbegriffe des Nähens, S. 9) und das Futter wieder in den Taschenbeutel schieben. Sie können die Tasche von der Innenseite kurz bügeln. Fertig ist Ihre Tasche!

Nach Belieben können Sie die Dachoberkante noch knappkantig absteppen. (Bild 26)

23

24

25

26

Bowlingtasche Romy

Bowlingtasche Romy

Eine große Tasche im Bowlingstil – Retrolook und zarte Farben für einen spontanen Wochenendausflug.

Grösse: 30 x 34 cm

Schwierigkeitsgrad: **

Material:
– 70 cm Wachstuch/beschichteter Stoff (140 cm breit) für den Taschenbeutel, die Außentaschen, die Schlaufen für die Ringe und den Schulterriemen
– 1 m verschiedene Baumwolldrucke für das Futter von Taschenbeutel und Außentaschen, die beiden seitlichen Innentaschen und die große Innentasche
– ein farblich zur Tasche passender Reißverschluss, 40 cm lang
– 2x 1,30 m Paspel für die Einfassung der Tasche und 2x 36 cm Paspel für die Außentaschen
– 2 Kunststoffdruckknöpfe (Snaps) für die Außentaschen
– 4 Kunststoffdruckknöpfe (Snaps) für den Schulterriemen
– 2 Vierkantringe von 40 x 10 mm
– 50 cm dünnes Volumenvlies zum Aufbügeln für das Futter

– 2 x 14 cm flaches, weiches Gummiband für die seitlichen Innentaschen
– 2 Handtaschenhenkel mit vorgefertigten Löchern zum Annähen

Schnittmuster:
Bogen C, rote Linien

Die Nahtzugaben sind enthalten, jedoch je nach Arbeitsschritt unterschiedlich breit. Es wird jeweils einzeln angegeben, wann sie verändert werden müssen.
Der Schulterriemen, die Partie um den Reißverschluss, die Seiten, der Boden, die Innentaschen und die Schlaufen für die Ringe sind auf dem Schnittmuster nicht enthalten Hierfür die angegebenen Maße verwenden. Folgende Teile zuschneiden:

Oberstoff: aus beschichtetem Stoff/Wachstuch 1 x Vorderseite, 1 x Rückseite, 2x Außentasche, 1 Streifen von 15 x 45 cm für die Partie um den Reißverschluss, 2 Streifen à 12 x 27,5 cm für die Seiten und 1 Streifen von 12 x 37,5 cm für den Boden.
Futter: aus Baumwolldruck und Volumenvlies zum Aufbügeln je 1 x Vorderseite und 1 x Rückseite. Aus Baumwolldruck 1x die Partie um den Reißverschluss, 2 Streifen à 12 x 27 cm für die Seiten, 1 Streifen von 12 x 37,5 cm für den Boden und 2x Außentaschen. Aus andersfarbigem Baumwolldruck 1 Quadrat von 40 x 40 cm für die Innentasche und 2 Rechtecke à 28 x 14 cm (H x B) für die seitlichen Innentaschen.
Schlaufen für die Ringe: aus beschichtetem Stoff/Wachstuch 2 Rechtecke à 6 x 16 cm.
Schulterriemen: aus beschichtetem Stoff/Wachstuch 1 Streifen von 6 x 92 cm, dann aus andersfarbigem beschichtetem Stoff/Wachstuch 1 Streifen von 6 x 130 cm und 2 Streifen à 6 x 21 cm.

Anleitung:

1. Die Paspel am oberen Rand der vorderen Außentasche auflegen (siehe Technik „Annähen einer Paspel", S. 10) und feststeppen. (Bild 1)

2. Das Futter der vorderen Außentasche rechts auf rechts auf den Oberstoff legen und **auf der ersten Naht der Paspel** feststeppen. (Bild 2)

3. Das Teil wenden, sodass die Stoffe links auf links liegen. Am oberen Rand unterhalb der Paspel zusammensteppen. (Bild 3)

4. Die Stud-Hälfte des Kunststoffdruckknopfs in der oberen Mitte der Außentasche anbringen. (Bild 4)

5. Die Außentasche auf das Vorderteil des Taschenbeutels legen; die unteren Ränder liegen kantenbündig. Analog zur Stud-Hälfte das Socket-Gegenstück des Kunststoffdruckknopfs am vorderen Taschenbeutel anbringen. Die Schritte 1 bis 5 für die rückwärtige Außentasche und die Taschenrückseite wiederholen. (Bild 5)

6. Die 1,30 m lange Paspel rings um den vorderen Taschenbeutel legen und mit Stecknadeln (quer) oder Klammern fixieren. Vor dem Aufnähen (Schritt 9) müssen noch die Enden der Paspel verbunden werden (Schritt 7 bis 9). (Bild 6)

7. Um Anfang und Ende der Paspel zu verbinden, zunächst den Punkt suchen, an dem sich die innen liegenden Kordeln treffen. Dann das Paspelende bis zu diesem Punkt auftrennen, sodass die Kordel frei liegt. (Bild 7)

1

2

3

4

5

6

7

8. Die Kordel an dieser Stelle abschneiden. (Bild 8)

9. Die beiden Kordelenden (an Beginn und Ende der Paspel) aneinanderlegen. Den Paspelstoff an dem Ende ohne Kordel 1 cm einschlagen und über den Anfang der Paspel legen, sodass er diesen überlappt. Die Paspel ringsum fest-steppen.

Die Schritte 6 bis 9 an der Taschenrückseite wiederholen. (Bild 9)

10. Auf dem 40 cm langen Reißverschluss von rechts auf beiden Bändern die Mitte mit Kugelschreiber markieren. Dafür die Bänder einfach in der Mitte falten und am Stoffbruch markieren. (Bild 10)

11. Das für die äußere Partie um den Reißverschluss bestimmte Rechteck von 15 x 45 cm der Länge nach in der Mitte durchschneiden. Es entstehen zwei Streifen à 7,5 x 45 cm. An beiden Streifen die Mitte markieren wie zuvor am Reißverschluss. (Bild 11)

12. Den Reißverschluss rechts auf rechts kantenbündig auf den ersten Streifen von 7,5 x 45 cm legen. Die markierte Mitte an Reißverschluss und Stoffstreifen muss jeweils exakt übereinanderliegen. (Bild 12)

13. Den Reißverschluss von links dicht an den Zähnen auf den Stoff steppen. Dazu den Reißverschlussfuß verwenden. (Bild 13)

8

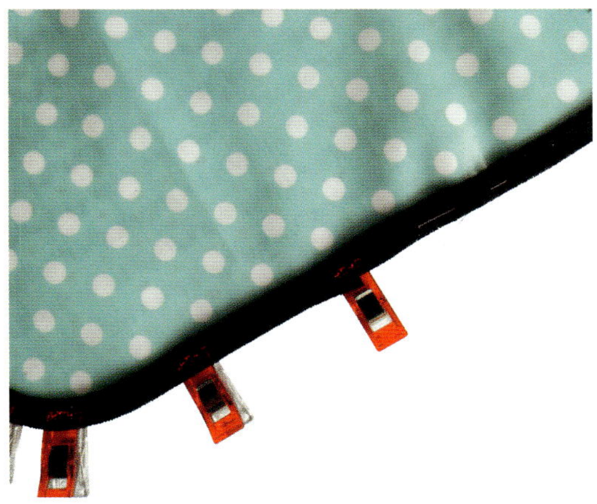
9

10

11

12

13

14. Den Stoff an der eben angefertigten Naht umschlagen und den Stoffbruch entlang dem Reißverschluss knappkantig absteppen. Dazu einen Teflonfuß oder Obertransportfuß verwenden. (Bild 14)

15. Die Schritte 11 bis 14 mit dem zweiten Streifen von 7,5 x 45 cm wiederholen. (Bild 15)

16. Die Längsseiten des entstandenen Teiles abschneiden, sodass ein Rechteck von 12 x 45 cm entsteht. Dabei dient der Reißverschluss als Markierung der Mitte zwischen den beiden Längsseiten. (Bild 16)

17. Die beiden für die Schlaufen mit den Ringen bestimmten Rechtecke à 6 x 16 cm (aus Wachstuch/beschichtetem Stoff) rechts auf rechts aufeinanderlegen und an den Längsseiten zusammensteppen. (Bild 17)

18. Auf rechts wenden, die Längsseiten knappkantig absteppen und den Streifen in der Mitte durchschneiden, sodass zwei Teile à 4 x 8 cm entstehen. Die Ringe aufziehen und die Enden grob zusammensteppen. (Bild 18)

19. An dem Teil mit dem eingenähten Reißverschluss von links mit einem Stift die Mitte der Längsseiten markieren. Diese Markierung ist später beim Zusammennähen sehr hilfreich. Ebenso die Längsseiten des Taschenbodens markieren. (Bild 19)

20. An den Schmalseiten des Teiles mit dem Reißverschluss jeweils 2 cm vom Rand eine Linie ziehen. (Bild 20)

14

15

16

17

18

19

20

21. Die Schlaufen mit den Ringen kantenbündig an den Schmalseiten festklemmen wie abgebildet. Dabei exakt in der Mitte platzieren. An den Kanten aufsteppen, um das spätere Zusammennähen zu erleichtern. (Bild 21)

21

22. Die beiden Rechtecke à 12 × 27,5 cm für die Seiten und das Rechteck von 12 × 37,5 cm für den Boden an den Schmalseiten rechts auf rechts aufeinanderlegen und mit **1 cm Nahtzugabe** zusammensteppen. (Bild 22)

22

23. Die offenen Schmalseiten der Seitenteile 2 cm nach innen umschlagen. (Bild 23)

23

24. Die Schmalseiten auf das Teil mit dem Reißverschluss legen. Der Stoffbruch des 2 cm breiten Umschlags liegt genau auf der eingezeichneten Linie. (Bild 24)

24

25. Die Seitenteile an den Schmalseiten auf das Teil mit dem Reißverschluss aufsteppen. Zum besseren Halt ruhig mehrfach hin und her nähen. (Bild 25)

25

26. Es entsteht ein um die gesamte Tasche umlaufender Streifen. (Bild 26)

27. Den umlaufenden Streifen rechts auf rechts am Taschenvorderteil anbringen. Dafür zuerst die Mitte des Reißverschlussteils genau auf der Mitte des oberen Randes und die Mitte des Bodens genau auf der Mitte des unteren Randes platzieren. Ringsum mit Klammern fixieren. **Auf der ersten Naht der Paspel feststeppen.** (Bild 27)

28. Den umlaufenden Streifen auf dieselbe Weise an der Taschenrückseite anbringen. **Nicht vergessen, den Reißverschluss zu öffnen, sonst können Sie die Tasche nicht wenden!** (Bild 28)

26

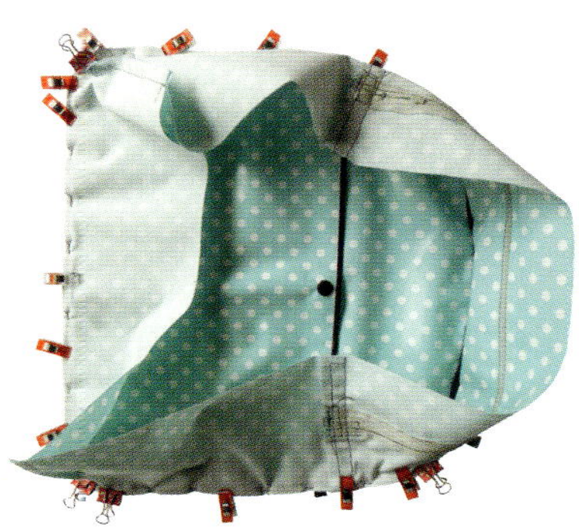
27

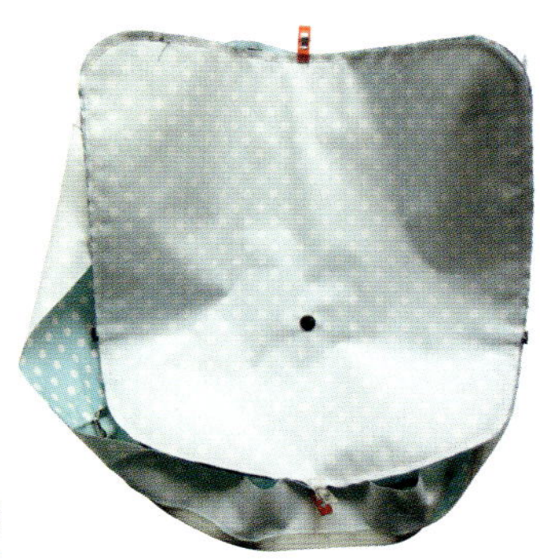
28

29. Das Vorderteil des Futters von links mit Volumenvlies zum Aufbügeln verstärken – nicht aufbügelbares Volumenvlies ist aber ebenso geeignet. Das 40 x 40 cm große Quadrat für die Innentasche aus Futterstoff links auf links in der Mitte falten. Es entsteht ein Rechteck von 20 x 40 cm. Entlang dem Stoffbruch absteppen. Dieses Rechteck so auf die Vorderseite des Futters legen, dass die unteren Ränder kantenbündig liegen. An den Seiten und am unteren Rand feststecken. (Bild 29)

29

30. Überstehende Ränder abschneiden und die Innentasche an den Seiten und am Boden 0,5 cm vom Rand feststeppen, um das spätere Zusammennähen zu erleichtern. (Bild 30)

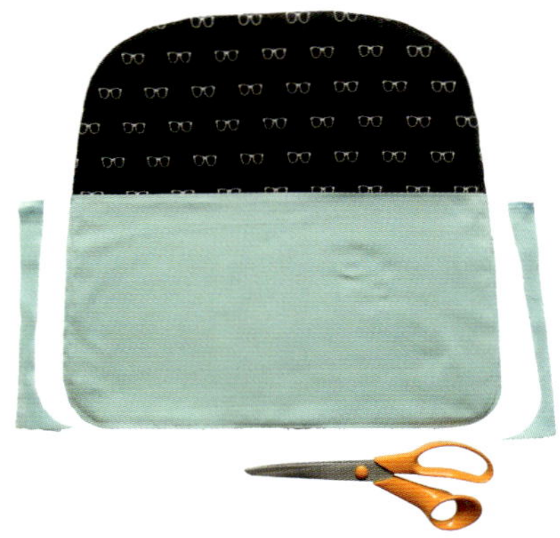

30

31. Mit auswaschbarem Stift in der Mitte der Innentasche eine senkrechte Linie ziehen und auf dieser Linie absteppen. Diese Naht teilt die Innentasche in zwei gleich große Fächer. (Bild 31)

31

32. Das erste der 28 x 14 cm großen Vierecke für die seitlichen Innentaschen links auf links falten – es entsteht ein Quadrat von 14 x 14 cm. Entlang dem Stoffbruch absteppen. (Bild 32)

32

33. Eine zweite Steppnaht 1 cm unterhalb der ersten anbringen – dies ist der Tunenel für das Gummiband (Bild 33)

33

34. Ein 14 cm langes Stück Gummiband zwischen die beiden Nähte ziehen. Auf beiden Seiten 1 cm überstehen lassen und feststecken, um es zu blockieren. Die Schritte 32 bis 34 für die zweite Seitentasche wiederholen. (Bild 34)

34

35. Die Innentaschen mit dem Gummiband auf die 12 × 27,5 cm großen Seitenteile des Futters legen. Die unteren Kanten und die Seiten müssen kantenbündig liegen. Der eingekräuselte Stoff der Innentaschen liegt dabei nicht glatt. An den Seiten und unten zusammensteppen, um das spätere Zusammennähen zu erleichtern. (Bild 35)

36. Den Boden und die Seitenteile des Futters rechts auf rechts aneinandersteppen wie in Schritt 22. **Nahtzugaben 1 cm!** (Bild 36)

37. In das Futterteil für die Partie um den Reißverschluss mit einem Cutter oder Rollschneider den Schlitz einschneiden. Die Schmalseiten der Seitenteile jeweils 2 cm nach innen einschlagen und an das Schlitzteil steppen wie beim Oberstoff (Schritt 23 und 24). (Bild 37)

38. Den umlaufenden Futterstreifen rechts auf rechts an das Futtervorderteil steppen. Dafür zunächst die Mitte von Ober- und Unterkanten markieren und aufeinanderlegen wie beim Oberstoff (Schritt 19 und 27). **Nahtzugaben 0,75 cm!** (Bild 38)

39. Das Futter durch den Schlitz für den Reißverschluss auf rechts wenden. Den Oberstoff auf links wenden. (Bild 39)

40. Den auf links gewendeten Oberstoff durch den Schlitz für den Reißverschluss in das auf rechts gewendete Futter schieben. Den Futterstoff rings um den Reißverschluss nach innen einschlagen und gut am Reißverschluss feststecken. Das Futter mit kleinen Saumstichen (siehe Grundbegriffe des Nähens, S. 9) unauffällig an den Reißverschlussbändern festnähen.

Vorsicht, dabei nicht durch den beschichteten Oberstoff stechen! (Bild 40)

35

36

37

38

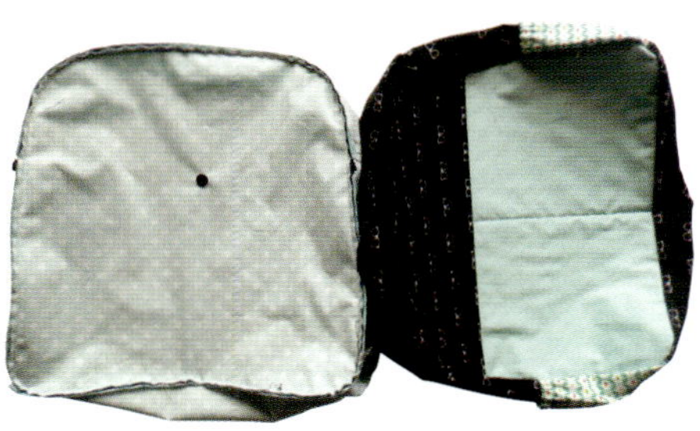

39

40

41. Für den Schulterriemen den 6×92 cm großen Streifen (blaues Wachstuch) und die beiden 6×21 cm großen Streifen (schwarzes Wachstuch) an den Schmalseiten rechts auf rechts aneinandersteppen. Es entsteht ein zweifarbiger Streifen von 6×130 cm. (Bild 41)

41

42. An den Nahtstellen auf dem schwarzen Stoff absteppen wie abgebildet. (Bild 42)

42

43. Den zweifarbigen Streifen rechts auf rechts auf den einfarbigen schwarzen Wachstuchstreifen von 6×130 cm legen. An drei Seiten 1 cm vom Rand zusammensteppen, eine Schmalseite zum Wenden offen lassen. (Bild 43)

43

44. Auf rechts wenden, die offene Schmalseite ringsum 1 cm einschlagen und den gesamten Streifen ringsum knappkantig absteppen. Diese Naht verschließt die Öffnung. Wenn Sie nicht möchten, dass die Steppnaht auf dem zweifarbigen Oberstoff zu sehen ist, nähen Sie in Etappen: zuerst die schwarze Partie mit schwarzem Garn, dann die blaue Partie mit blauem Oberfaden (der Oberfaden wird gewechselt, der Unterfaden bleibt schwarz). (Bild 44)

44

45. Die Taschenhenkel genau mittig ausgerichtet anbringen. Ich empfehle Ihnen, die Tasche dafür zu befüllen. Die Henkel von Hand mit gut verstärkten Nähten (mehrfach nähen!) befestigen. (Bild 45)

45

46. Die Kunststoffdruckknöpfe anbringen und den Schulterriemen damit befestigen. (Bild 46)

46

Hübsche Etuis

Einige hübsche Etuis und Täschchen in verschiedenen Größen – davon kann man nie genug haben!

Reißverschlusstäschchen Mila

Reißverschlusstäschchen Mila

Ein geräumiges transparentes Reißverschlusstäschchen für den besseren Überblick.

Grösse: 21 x 27 cm

Schwierigkeitsgrad: *

Material:
– 30 cm Klarsichtfolie/transparentes Wachstuch für den Taschenbeutel. Damit die Tasche fest genug wird, empfehle ich eine Stärke von mindestens 0,3 mm. Die Stärke wird in Onlineshops meist angegeben
– 67 cm Schrägband für die Einfassung
– 28 cm gemustertes Webband (2x) für die Einfassung des Reißverschlusses
– ein Reißverschluss von 30 cm Länge (oder mehr – falls Sie keinen passenden haben, schneiden Sie ihn ab)
– ein kleiner Rest Baumwolldruck für den Henkel
– 2 Socket-Hälften von Kunststoffdruckknöpfen (Snaps) in Sternform zur Verzierung
– ein kleiner Anhänger für den Reißverschlusszipper

Schnittmuster:
Für dieses Modell gibt es keine Schnittteile auf dem Schnittmusterbogen. Übertragen Sie die Rechtecke nach den angegebenen Maßen mit Kugelschreiber direkt auf die Klarsichtfolie.

An diesem Modell liegt das Vorderteil unterhalb des Reißverschlusses. Die Rückseite und die obere Partie der Vorderseite bestehen aus einem Stück. Dies ergibt sich automatisch beim Zusammennähen. Der Übergang zwischen Rückseite und oberer Vorderseite entsteht durch einen Stoffbruch.

Folgende Teile zuschneiden:
Aus Klarsichtfolie: 1 Rechteck von 15 x 27 cm (Höhe x Breite) für die Vorderseite, 1 Quadrat von 27 x 27 cm für die Rückseite.
Aus Webband: 2 Stück à 28 cm.
Schrägband: 1 Stück von 67 cm Länge.
Henkel: aus Baumwolldruck 1 Streifen von 12 x 28 cm.

Wenn Sie das Täschchen lieber kleiner hätten, reduzieren Sie einfach die Maße.

Lassen Sie Ihre Fantasie spielen und verwenden Sie z. B. Klarsichtfolie/Wachstuch mit Glitter.

Anleitung:

1.Vorder- und Rückseite zuschneiden. (Bild 1)

2. Das erste Webband (28 cm lang) kantenbündig auf den oberen Rand des Vorderteils legen. **Achtung, bei Webband mit Motiven die Richtung beachten! Die Unterkante des Motivs zeigt zur Unterkante des Vorderteils.** (Bild 2)

3. Mit farblich passendem Nähgarn die Unterkante des Bandes aufsteppen. (Bild 3)

4. Die Oberkante des Vorderteils entlang der Zahnreihe auf den Reißverschluss legen. (Bild 4)

5. Die Unterkante des Bandes dicht an der Zahnreihe aufsteppen. Dazu den Reißverschlussfuß verwenden! (Bild 5)

6. Das zweite Webband kantenbündig auf den unteren Rand der Rückseite legen. **Bei Webband mit Motiven die Richtung beachten!** Die Unterkante des Motivs zeigt zur Unterkante des Folienteils. (Bild 6)

7. Die obere Kante des Bandes aufsteppen. (Bild 7)

8. Die Unterkante des Taschenrückenteils oberhalb der Zahnreihe auf den Reißverschluss legen und an der Unterkante des Bandes dicht an der Zahnreihe aufsteppen. **Dabei darauf achten, dass die späteren Seitenkanten der Tasche an Vorder- und Rückseite bündig, also auf gleicher Höhe liegen wie auf Bild 6.** (Bild 8)

9. Um das Nähen während der Schritte 5 und 8 zu erleichtern, rolle ich den Folienstoff auf und fixiere ihn mit einer Klammer. (Bild 9)

1

2

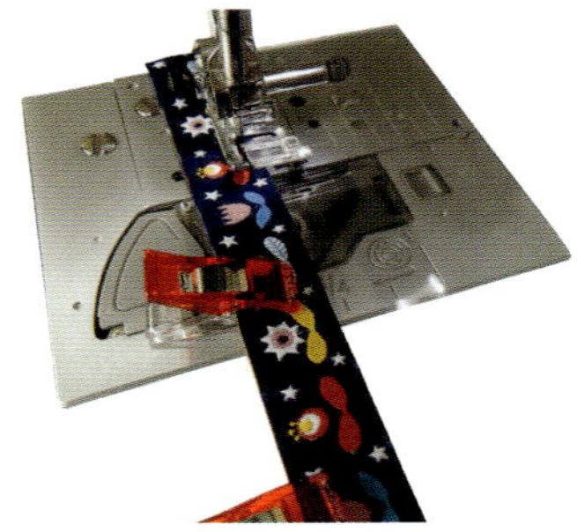
3

4

5

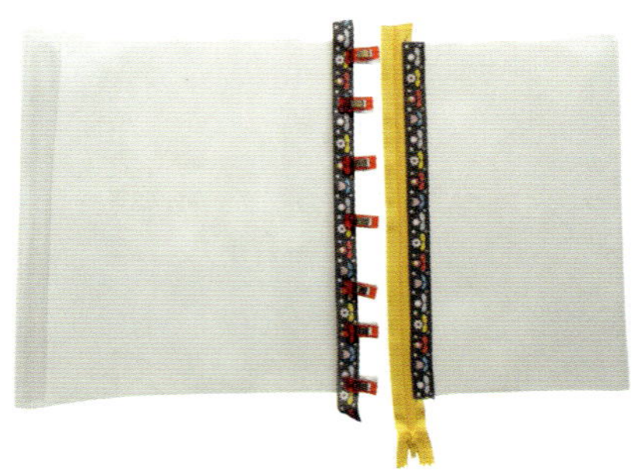
6

7

8

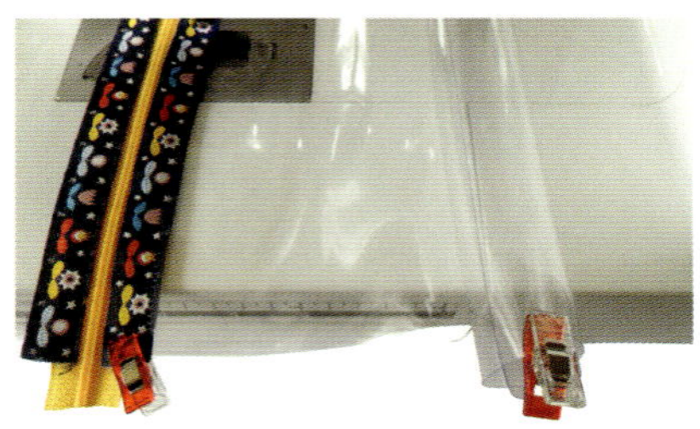
9

10. Der Tasche ihre Form geben, indem Unterkante des Vorderteils und Oberkante des rückwärtigen Teiles kantenbündig aneinandergelegt werden. Der Übergang von der Rück- zur Vorderseite entsteht durch den Umschlag. Mit Klammern fixieren. (Bild 10)

11. Mithilfe einer Schüssel (die hier verwendete hat 11 cm Durchmesser) die abgerundeten unteren Ecken anfertigen. Die Schüssel so auf die Ecke legen, dass ihr Rand sich mit den Kanten der Folie deckt, und die Rundung mit Kugelschreiber nachzeichnen. (Bild 11)

12. Die Rundungen und den überstehenden Reißverschluss abschneiden. **Achtung, vor dem Abschneiden den Reißverschlusszipper in die Mitte ziehen!** (Bild 12)

13. Außer am Stoffbruch (Oberkante) ringsum 0,5 cm vom Rand zusammensteppen, um das Einfassen mit Schrägband zu erleichtern. (Bild 13)

14. Das doppelt gefalzte Schrägband, außer an der Oberkante, ringsum über die Kante der Tasche stülpen und mit Klammern fixieren. Die Bandenden jeweils 1 cm einschlagen, damit sie nicht ausfransen. (Bild 14)

15. Das Schrägband 0,2 cm knappkantig feststeppen. (Bild 15)

16. Den Stoffbruch können Sie mit einem Buch glätten. (Bild 16)

17. Den Streifen für den Henkel an den Schmalseiten jeweils 1 cm einschlagen und die Längsseiten zur Mitte umfalzen. Dann nochmals längs falzen wie ein Schrägband. Ringsum absteppen. (Bild 17)

18. Die Enden des Henkels jeweils 7 cm von den Seiten auf die Folie steppen und die Druckknöpfe zur Verzierung anbringen. (Bild 18)

10

11

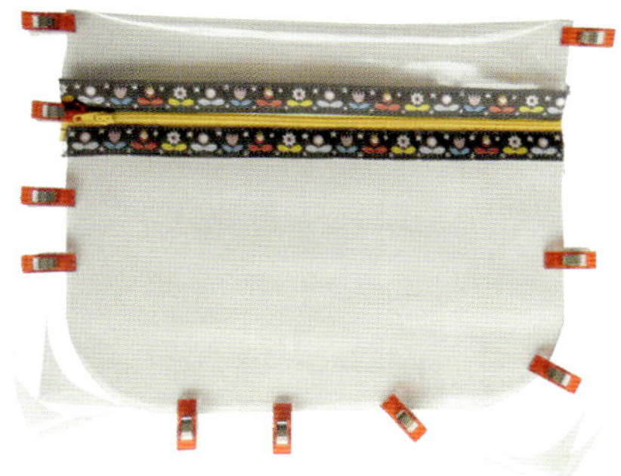
12

13

14

15

16

17

18

Reißverschlusstäschchen Phillipine

Reißverschlusstäschchen Phillipine

Ein Täschchen aus Cordsamt und Liberty-Stoff für Schminkutensilien oder anderen Kleinkram. Süß und originell – alle großen und kleinen Mädchen werden begeistert sein.

Grösse: 14 x 22 cm

Schwierigkeitsgrad: **

Material:
– 30 cm Babycord oder Gabardine als Oberstoff und für die vorderen Außentaschen
– 40 cm Baumwolldruck oder Liberty-Stoff für die Taschenklappen, das Futter von Haupttasche und Außentaschen sowie für die Schlaufe
– 30 cm Bügeleinlage (Typ H250) für das Futter der Haupttasche (nur bei sehr weichem Oberstoff), der Außentaschen und der Taschenklappen
– ein Reißverschluss, 22 cm oder länger (notfalls können Sie einen längeren abschneiden)
– ein kleines Stück Leder oder Stoffband zum Verschließen der Außentaschen
– 2 Knöpfe für die Außentaschen
– eine Quaste, ein Pompon oder ein Glöckchen als Anhänger für den Reißverschlusszipper

Schnittmuster:
Außer bei den Taschenklappen sind Nahtzugaben von 0,75 cm enthalten.
Bogen B, violette Linien

1. Wenn Sie etwas dickeren Oberstoff verwenden, sollten Sie das Futter **nicht mit Vlieseline verstärken**. Bei sehr feinem, weichen Babycord (Bekleidungsstoff) wie im abgebildeten Modell muss das Futter dagegen mit Bügeleinlage verstärkt werden, damit das Täschchen Halt bekommt.

2. Zum Verschließen der Taschenklappen benutze ich hier einen selbst zugeschnittenen schmalen Lederstreifen (0,5 x 8 cm), doch zur Vereinfachung können Sie auch ein Stückchen Stoffband, Kordel oder Schrägband verwenden.

Taschenbeutel: aus Babycord 1x Rückseite, 1x Partie A und 1x Partie B.
Futter: aus Baumwolldruck und Vlieseline 2x Futter.
Außentasche: je 1x aus Baumwolldruck und Vlieseline und Babycord.
Schlaufe: 1 Quadrat von 16 x 16 cm aus Baumwolldruck.
Taschenklappen: 2 Rechtecke aus Liberty, 16 x 12 cm (Höhe x Breite), von links mit Bügeleinlage verstärkt. Bei Stoff mit Motiv beim Zuschneiden ggf. die Richtung beachten!

Wenn Sie möchten, dass die Schlaufe sich mit Druckknöpfen öffnen lässt, schneiden Sie 2 Rechtecke à 5,5 x 17 cm und 2 weitere à 5,5 x 9 cm. Diese jeweils rechts auf rechts aufeinanderlegen, bis auf eine Schmalseite ringsum zusammensteppen, auf rechts wenden und ringsum absteppen. Die Snaps anbringen und fortfahren wie in Schritt 19.

Anleitung:

1. Das 16 x 12 cm große Rechteck von links mit Bügeleinlage verstärken und rechts auf rechts in der Mitte falten. Es entsteht ein Rechteck von 8 x 12 cm. 1 cm unterhalb des Stoffbruchs eine waagrechte Linie ziehen. (Bild 1)

2. Den Umriss des Klappenteils auf das gefaltete Rechteck aufzeichnen. Die Oberkante des Klappenteils muss zum Stoffbruch zeigen. **Bei Stoff mit Motiven müssen Sie beim Aufzeichnen ggf. die Laufrichtung beachten!** (Bild 2)

3. 2 kleine Lederstreifen à 0,5 x 8 cm zuschneiden. (Bild 3)

4. Am unteren Rand der Klappe zum späteren Anbringen der Schlaufe deutlich die Mitte markieren. (Bild 4)

5. Die Lederschlaufe oder ein Stück Kordel in der Mitte falten und an der Markierung zwischen die Stofflagen der Klappe heften. (Bild 5)

6. Außer am oberen Rand ringsum direkt auf der Linie zusammensteppen. (Bild 6)

7. Nahtzugaben ringsum einkerben; Stoff entlang der Linie an der Oberkante abschneiden. Die Klappe wenden, bügeln und bis auf die Oberkante ringsum 0,5 cm breit absteppen. (Bild 7)

1

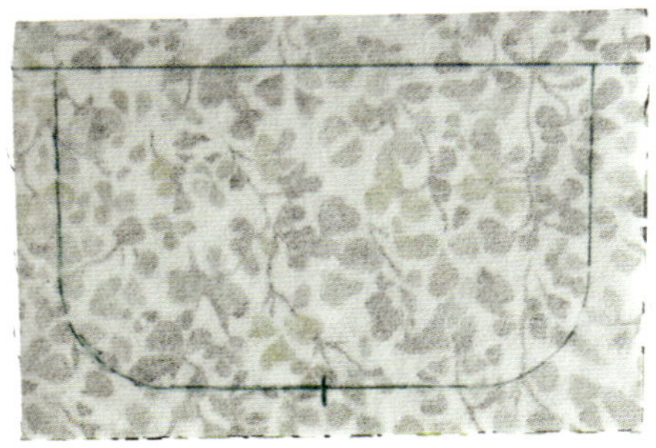
2

3

4

5

6

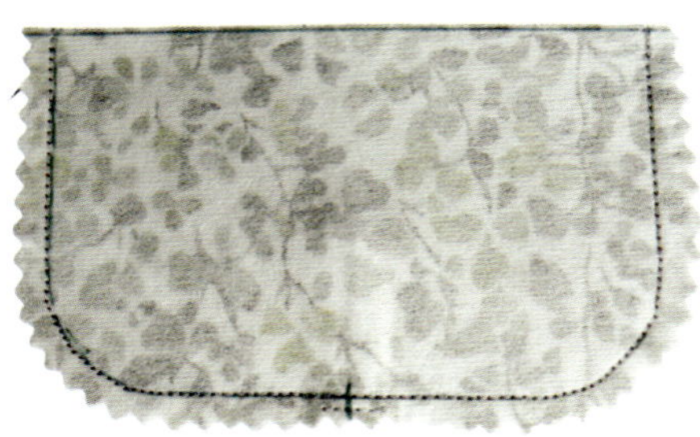
7

8. Die Schritte 1 und 2 sowie 4 bis 7 für die zweite Klappe wiederholen. (Bild 8)

9. Die Klappen gemäß den Markierungen auf dem Schnittmuster auf die Partie B legen. Die Oberkanten der Klappen liegen kantenbündig mit der Oberkante der Partie B. (Bild 9)

10. Die Partie A rechts auf rechts auf die Partie B mit den Klappen legen (obere Ränder kantenbündig). **Gut feststecken.** 1 cm unterhalb der Oberkante eine waagrechte Linie ziehen. (Bild 10)

11. Auf der Linie zusammensteppen. (Bild 11)

12. Das Rechteck für das Futter der Außentasche (Liberty-Stoff) von links mit Bügeleinlage verstärken und rechts auf rechts auf das Außentaschenteil aus Babycord legen. Am oberen Rand 1 cm von der Kante zusammensteppen. Wenden, sodass Babycord und Liberty-Stoff links auf links liegen. Die Naht ausbügeln und die Oberkante absteppen. (Bild 12)

13. Die Partie A über die Partie B hochschlagen und über den Klappen absteppen. Das Außentaschenteil auf die Taschenvorderseite auflegen (untere Ränder kantenbündig). Mit auswaschbarem Stift in der Mitte der Außentasche eine senkrechte Linie ziehen und diese absteppen, um die zwei Fächer der Außentasche herzustellen. Die Knöpfe an die Außentaschen nähen. Vorsicht, die Knöpfe nur auf die Außentasche nähen, nicht durch das Taschenvorderteil, sonst können Sie die Taschen nicht öffnen (Bild 13)

14. Den Reißverschluss rechts auf rechts und kantenbündig an den oberen Rand des Vorderteils klemmen und feststeppen. (Bild 14)

8

9

10

11

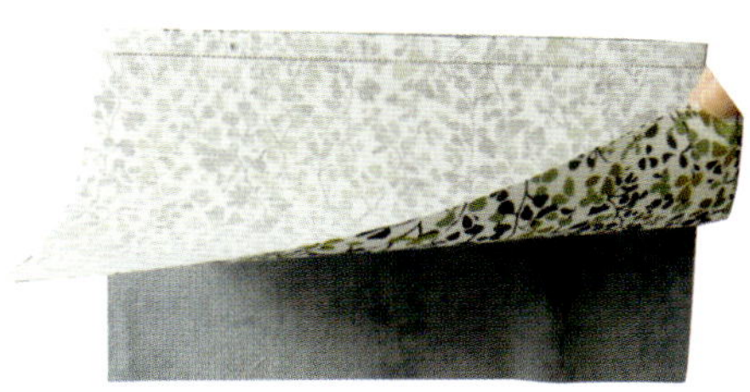

12

13

14

15

15. Das Vorderteil des Taschenfutters rechts auf links auf den Reißverschluss legen (oberer Rand kantenbündig) und **auf der ersten Naht** feststeppen. (Bild 15)

16

16. Babycord und Futterstoff wenden, sodass sie links auf links liegen. Die Kante des Babycords entlang dem Reißverschluss absteppen. (Bild 16)

17. Die Schritte 14 bis 16 wiederholen, um Oberstoff und Futter der Taschenrückseite am Reißverschluss zu befestigen. (Bild 17)

18. Das 16 x 16 cm große Quadrat für die Schlaufe an den Längsseiten zur Mitte umfalzen wie ein Schrägband. Den Streifen nochmals der Länge nach falten. Es entsteht ein vierlagiger Streifen von 16 x 4 cm. Die Längsseiten absteppen. (Bild 18)

17

19. Die in der Mitte gefaltete Schlaufe 2 cm unterhalb des Reißverschlusses auf das Taschenvorderteil klemmen und 0,5 cm vom Rand feststeppen (**Achtung, nur am Cord feststeppen, nicht am Futter!**). (Bild 19)

20. Das Teil so legen, dass das vordere und hintere Futter und der vordere und hintere Taschenbeutel (Oberstoff) jeweils rechts auf rechts liegen. Ringsum zusammenstecken. **Nicht vergessen, den Reißverschluss zum späteren Wenden zu öffnen!** Ringsum zusammensteppen; dabei am Boden des Futters eine Öffnung zum Wenden lassen. (Bild 20)

21. Durch die Öffnung im Futter auf rechts wenden, die Öffnung mit Saumstichen schließen (siehe Grundbegriffe des Nähens, S. 9) und das Futter in die Tasche schieben. Einen selbst gemachten Pompon oder einen Anhänger am Zipper befestigen. (Bild 21)

18

19

20

21

Seelöwenetui mit Klarsichtfenster

Seelöwenetui mit Klarsichtfenster

Wenn man durch das Guckloch in den kleinen Bauch schaut, sieht man, dass der Seelöwe vor einer Weile einen Fisch verspeist hat – und alles, was Sie ihm sonst noch zu futtern geben … Ich kenne kleine Hände, die begeistert danach grapschen werden!

GRÖSSE: 24 x 13 cm

SCHWIERIGKEITSGRAD: *

MATERIAL:
– ein Bogen Kunstleder in Türkis (30 x 60 cm) für Vorder- und Rückseite des Seelöwen und für die Flosse
– ein Stück Klarsichtfolie/-wachstuch von 15 x 12 cm für das Fenster im Bauch
– ein Reißverschluss, 20 cm oder länger (notfalls können Sie einen längeren abschneiden) ein Schnipsel schwarzes Kunstleder für die Nase
– ein Schnipsel gelbes Kunstleder für die Fischgräte
– etwas Tüll für die Schleife
– eine Socket-Hälfte eines Kunststoffdruckknopfs (Snap) in Herzform für das Herz
– eine Socket-Hälfte eines Kunststoffdruckknopfs (Snap) in Größe 16 für das Auge
– etwas Textilkleber für Leder/Kunstleder

SCHNITTMUSTER:
Bogen B, braune Linien

Die Umrisse aller Schnittteile direkt von links auf das Kunstleder und von rechts auf die Klarsichtfolie aufzeichnen und genau auf der Linie ausschneiden.
Den Schlitz für den Reißverschluss mit einem Rollschneider oder einer kleinen, spitzen Schere einschneiden.
Ich empfehle für dieses Modell die Verwendung von dickem, festem Kunstleder.
Sie können es auch aus Leder arbeiten. Für schöne, gleichmäßige Nähte den Teflonnähfuß verwenden.

Folgende Teile zuschneiden:
Aus blauem Kunstleder: 1 x Vorderseite, 1 x Rückseite und 1 x Flosse.
Aus Klarsichtfolie/-wachstuch: 1 x Guckloch (Bauch).
Aus gelbem Kunstleder: 1 x Fischgräte.
Aus schwarzem Kunstleder: 1 x Nase.
Aus Tüll: 1 Rechteck von 12 x 7 cm.

Anleitung:

1. Das Vorder- und Rückenteil des Seelöwen sehr sorgfältig zuschneiden – die Teile müssen **exakt** aufeinanderpassen. (Bild 1)

2. Das Vorderteil und das Guckloch aus Klarsichtfolie bereitlegen. (Bild 2)

3. Das Guckloch aus Klarsichtfolie von links auf dem Vorderteil anbringen. Am Rand hier und da etwas Textilkleber auftragen und die Folie aufkleben wie abgebildet. (Bild 3)

4. Von der rechten Seite des Kunstleders knappkantig rings um die Öffnung steppen; dadurch werden die beiden Teile zusammengenäht. **Für ein hübsches Ergebnis den Teflonfuß und farblich genau zum Kunstleder passendes Nähgarn verwenden den.** (Bild 4)

5. Am oberen Ende der Flosse einen Tropfen Kleber auftragen; sie wird später mit festgenäht. Die rechte Seite der Flosse muss exakt bündig mit dem Rücken des Seelöwen liegen. Einen Tropfen Kleber unter die Fischgräte tupfen und sie aufkleben. Den Herzchen-Snap anbringen. (Bild 5)

6. Die Fischgräte mit dem Teflonfuß aufsteppen. Der Einfachheit halber steppe ich nicht ringsum, sondern befestige nur Kopf, Mittelgräte und Schwanz. Den Druckknopf für das Auge gemäß dem Schnittmuster anbringen. Das fertige Vorderteil beiseite egen. (Bild 6)

7. Den Reißverschluss mit dem Zipper nach oben unter den Schlitz am Rückenteil legen. (Bild 7)

1

2

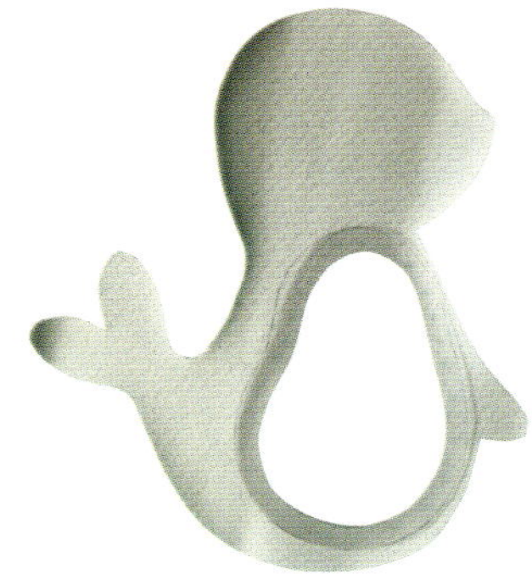

3

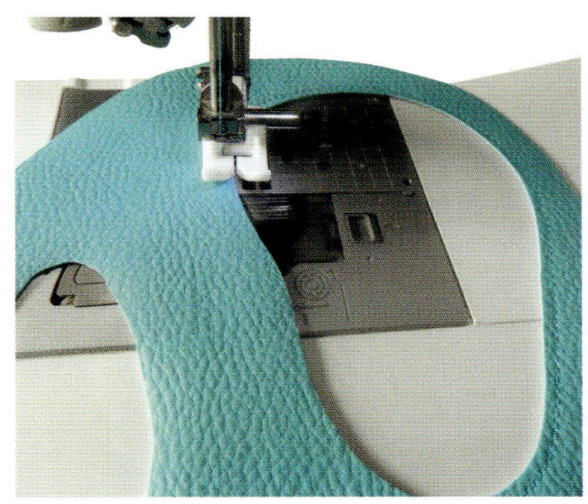

4

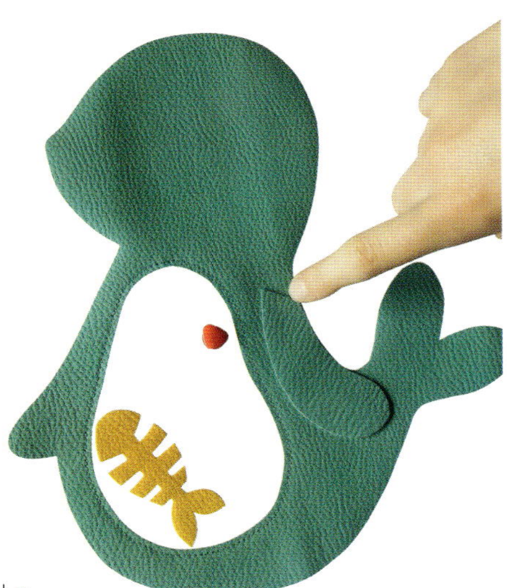

5

6

7

8

8.Von rechts rings um den Schlitz zusammensteppen (mit dem Teflonfuß, nicht mit dem Reißverschlussfuß). Den Zipper nach Bedarf beiseiteschieben, wenn er beim Nähen stört.

Wenn nötig, die überstehenden Reißverschlussenden abschneiden. (Bild 8)

9

9. Das Vorderteil exakt links auf links auf das Rückenteil legen. Mit Klammern fixieren und ringsum zusammensteppen. Denken Sie daran, auch als Unterfaden farblich zum Kunstleder passendes Garn zu verwenden! Die Nase mit etwas Kleber für Leder/ Kunstleder aufkleben. (Bild 9)

10. Das Stück Tüll doppelt falzen wie ein Schrägband. Mit farblich passendem Nähgarn in der Mitte fest zusammenbinden, sodass die Schleife entsteht. Dabei für besseren Halt das Garn mehrfach um den Tüll wickeln und mit einem Doppelknoten befestigen. (Bild 10)

10

11. Je nachdem, ob Ihr Seelöwe ein Männchen oder ein Weibchen sein soll, die Tüllschleife mit einem Tropfen Textilkleber am Hals (Männchen) oder am Kopf (Weibchen) aufkleben. (Bild 11 und 12)

11

12

Adressen

Blog der Autorin
mavada.canalblog.com

Facebook-Seite La petite cabane de Mavada
facebook.com/LaPetiteCabaneDeMavada

Blog der Mavada-Fans
mavadaaddicts.canalblog.com

Danke an all meine Partner, die mich bei diesem zweiten Buch ohne Zögern unterstützt haben

Hübsche Stoffe
Frankreich:
bouillon-de-couture.fr
cousette.com
fifijolipois.com/fr
lafarandoledestissus.fr
latelierdenlyn.com/index.php
les-coupons-tissus-designers-et-cie.fr
linnamorata.com
littlefabrics.com
lutinfactory.fr
mamzellefourmi.com
mapetitemercerie.com
motifpersonnel.com
petitpan.com
tyflorianboutik.fr
Deutschand/Österreich/Schweiz:
aachen-stoffe.de
frautulpe.de
mayer-neumayer.at
quiltundtextilkunst.de
stoffandco.de

Liberty-Stoffe, Alcantara-Stoffe, Kunstleder
Frankreich:
defilenetoile.fr/boutique
shop.petitsmots.net/index.php
stragier.blogspot.fr
Deutschand/Österreich/Schweiz:
beschichtete-stoffe.com
libertystoffe.blogspot.de
lillyparis.ch
staghorn.de
stickandstyle-naehtextil.de
stoff4you.de
stoffefee.de
westfalenstoffe.de

Knöpfe, Druckknöpfe, Deko, Kurzwaren
Frankreich:
arbrinic.com
crea4mains.com
decocuir.com
jetiquette.fr
kidetcapucine.com
madamecassebonbon.com
mercerie-extra.com/fr
rascol.com
Deutschand/Österreich/Schweiz:
knoepfeversand.de
knopf-boutique.de
kurzwaren-naehkasten.de
ludwigbeck.com
snaply.de
spitzen-paradies.de

Nähmaschinen
Frankreich:
coudreetbroder.com w.coudreetbroder.com
Deutschand/Österreich/Schweiz:
naehfox.ch
naehzentrum.de
wien2002.at

Dank

Als mein erstes Buch Cartables et sacs à dos *erschien, hatte ich nicht mit so vielen ermutigenden Kommentaren, Glückwünschen und Komplimenten gerechnet. Ich muss gestehen, dass ich mir immer wahnsinnig viele Gedanken mache und Angst vor Ihren Reaktionen hatte. Nach Erscheinen des Buches sah ich, wie in Windeseile eine Unmenge verschiedener Interpretationen meiner Modelle entstand, und ich muss sagen, dass ich alles andere als enttäuscht war. Es war wunderbar, Tag für Tag Ihre Kreationen zu entdecken, und es macht mich glücklich, dass weiterhin beständig neue Werke hinzukommen.*

Ich habe die ersten Schritte von einigen von Ihnen begleitet, ich habe mit angesehen, wie sie in den Kessel mit dem Nähzaubertrank gefallen sind und stolz auf ihre handgemachten Werke waren, und ich habe miterlebt, wie sie dadurch selbst für jemanden zur Zauberin wurden.

Ich habe labile oder geschwächte Menschen kennengelernt, die wieder Freude am Leben und neue Kraft fanden – durch mein Buch und die Zuflucht, zu der das Nähen für sie wurde.

Ich habe gesehen, wie eine Gruppe entstand, die eine gemeinsame Leidenschaft teilte. Eine Gruppe, in der gute Laune, gegenseitige Hilfe und die Gemeinschaft ganz oben stehen.

Danke an meine Leser, ohne die meine Bücher nicht denselben Pfiff und nicht dieselben Farben hätten.

Danke an das Team von Creapassions.com, an die vielen Hände im Hintergrund, die fantastische Arbeit leisten und dieses Buch zum Leben erweckt haben.

Danke an Emmanuelle Prot, eine Redakteurin, die stets die richtigen Worte findet. Danke für ihr erneutes Vertrauen.

Danke an meine geliebte zweite Mama, die mich anstupst und mich bestärkt, mein erster Fan und meine Vertraute, die an mich geglaubt hat, als ich es selbst nicht mehr konnte.

Danke an meine hübschen Models Camille und Manon, die stets geduldig und zum Lächeln bereit waren. Durch euch haben meine Modelle noch gewonnen.

Danke an meine Friseurin Carine für ihre wundervollen Frisuren.

Danke an meinen Fotografen Mathieu und seine rechte Hand Olivier.

Danke dafür, dass ihr meine Welt und meine Wünsche in Bilder umgesetzt habt.

Danke an Mr Marlin, den Bürgermeister von Etampes, und seine Mitarbeiter, dafür, dass ich die wundervolle Kulisse des Château de Valnay nutzen durfte.

Danke an meinen Mann David und meine Kinder, dafür, dass ihr eine geistesabwesende Mama ertragen habt, die kaum Zeit hatte und in ihrem Kokon voller Stoffe und Taschen aller Art saß. Ich liebe euch!

Danke an meinen Vater, der mir die Liebe zu handwerklichen und künstlerischen Tätigkeiten mitgegeben hat.

Danke an meinen Stern, der ganz da oben hell leuchtet. An die, die mir die Kraft dazu geben, über mich hinauszuwachsen, und die mir so sehr fehlt. Mein erstes Buch war für dich – und dieses genauso. Wie gerne hätte ich diesen kleinen Funken in deinen Augen aufblitzen sehen, wenn du es liest.

16. 04. 26